Langenscheidt

Kurzgrammatik Französisch

von Natacha Lafleur

Langenscheidt

Berlin · Madrid · München · Warschau · Wien · Zürich

Herausgegeben von der Langenscheidt-Redaktion
Erweitert von Georgette Liedtke
Lektorat: Anne Ley-Schalles
Layout: Ute Weber

Laden Sie sich auf www.langenscheidt.de/kurzgrammatik mit dem Code kf152 kostenlos zusätzliche Übungen herunter.

www.langenscheidt.de

Satz: kaltner verlagsmedien GmbH, Bobingen
Druck und Bindung: Stürtz GmbH, Würzburg

ISBN 978-3-468-35152-5

12010

Vorwort

Mit unserer Kurzgrammatik Französisch bieten wir Ihnen ein Rundum-sorglos-Paket für den schnellen Überblick: Der Niveaustufentest zu Beginn, unsere Schnell-Lern-Methode und zusätzliche Übungen zum Download bringen Sie leicht und schnell ans Ziel!

Eingangs zeigt Ihnen der **Niveaustufentest**, auf welcher Stufe Sie stehen. Am Ende können Sie ihn wiederholen, um Ihren Fortschritt zu überprüfen. Mit den Lösungen erhalten Sie auch Empfehlungen zur Verbesserung Ihrer Sprachkenntnisse. Um Ihnen von Anfang an den Zugang zur französischen Grammatik zu erleichtern, verraten wir Ihnen anschließend **Tipps & Tricks** zum Grammatiklernen.

Der **Kapitel-Aufbau** folgt einer klaren Struktur: Zunächst werden die Formen präsentiert, dann wird ihr Gebrauch erörtert und durch Beispiele mit Übersetzung veranschaulicht. Die farbige Gestaltung und viele selbsterklärende Symbole tragen dazu bei, dass Sie sich innerhalb der Kapitel gut zurechtfinden.

Nutzen Sie die Schnell-Lern-Methode, um sich einen Überblick zu verschaffen und sich das Wichtigste noch leichter einzuprägen: Nach abgeschlossenen Themenschwerpunkten präsentieren die blauen Seiten **Auf einen Blick** die wichtigsten Regeln, weitere Beispiele und Stolpersteine.

Niveaustufenangaben (A1, A2, B1, B2) begleiten Sie durch das Buch.
Diese verraten Ihnen, welche Grammatikthemen und welche Regeln für Ihr Lernniveau relevant sind. Die Niveaustufen beziehen sich nicht nur auf das jeweilige

Grammatikkapitel, sondern auch auf das in den Beispielsätzen verwendete Vokabular. So wissen Sie auch genau, dass Ihnen dieser Wortschatz bekannt sein sollte.

In der Praxis heißt das: Ist ein Grammatikkapitel beispielsweise der Niveaustufe A1 zugeordnet, so sind alle verwendeten Vokabeln A1, es sei denn, sie sind mit einer anderen Niveaustufe, z. B. A2 (direkt vor dem jeweiligen Wort oder Satz), versehen. Alle in diesem Kapitel enthaltenen Grammatikregeln sollten Sie dann beherrschen, es sei denn, eine Niveaustufenangabe am Rand weist Sie darauf hin, dass diese Regel für ein höheres Niveau, z. B. B1, bestimmt ist.

Hier eine kurze Erläuterung, welche Kenntnisse auf diese Niveaustufen des Europäischen Referenzrahmens zutreffen:

A1/A2: *Elementare Sprachverwendung*, d. h.
A1: Sie können einzelne Wörter und ganz einfache Sätze verstehen und fomulieren.
A2: Sie können die Gesprächssituationen des Alltags bewältigen und kurze Texte verstehen oder selbst verfassen.

B1/B2: *Selbstständige Sprachverwendung*, d. h.
B1: Sie können sich in den Bereichen Alltag, Reise und Beruf schriftlich und mündlich gut verständigen.
B2: Sie verfügen aktiv über ein großes Repertoire an grammatikalischen Strukturen und Redewendungen und können im Gespräch mit Muttersprachlern bereits stilistische Nuancen erfassen.

Damit Sie Ihren Lernerfolg abschließend noch besser überprüfen können, finden Sie am Ende des Buches einen **Test** zu jedem einzelnen Grammatikkapitel. So können

Sie zum einen ganz genau feststellen, wo Sie noch Schwachstellen haben und welches Grammatikkapitel Sie sich demnach noch mal ansehen sollten, und zum anderen, wo Sie schon richtig fit sind.

Nutzen Sie unsere zusätzlichen **Übungen zum Download** (den Zugangscode finden Sie im Impressum auf S. 2), um sich weiter zu verbessern. Hier können Sie Ihre Grammatikkenntnisse perfektionieren und das Gelernte festigen.

Nun wünschen wir Ihnen viel Spaß und Erfolg beim Französischlernen!

Ihre Langenscheidt-Redaktion

Symbole

Infos über Spracheigenheiten des Französischen
Merksatz
stellt den mündlichen Sprachgebrauch dem geschriebenen Französisch gegenüber
Achtung, Stolpersteine!
Hier handelt es sich um eine Ausnahme!
Lerntipp
Kleine Hilfestellung
Grundregel
verweist auf zusammenhängende Grammatikthemen

Inhaltsverzeichnis

Abkürzungen

Adj.	Adjektiv	*Pl.*	Plural
bzw.	beziehungsweise	*PP*	Partizip Perfekt
etc.	et cetera	*s. u.*	siehe unten
f.	Femininum	*Sing.*	Singular
m.	Maskulinum	*usw.*	und so weiter
konj.	konjugiert	*V.*	Verb
Pers.	Person	*z. B.*	zum Beispiel

Niveaustufentest A1

Tragen Sie für jede richtige Antwort einen Punkt in das Kästchen am Ende der Zeile ein und addieren Sie die Punkte zum Schluss. Im Anhang finden Sie die Auswertung und Empfehlungen zur Verbesserung.

1 Das Substantiv

Bilden Sie die Pluralform der Substantive

a. la maison .... ☐

b. le feu .... ☐

c. le château .... ☐

d. l'œil .... ☐

e. le chou-fleur .... ☐

☐

2 Das Adjektiv

Ergänzen Sie bitte die Sätze mit einem passenden Adjektiv: nouveau, premier, sympathique.

a. Rappelez-vous la .... page du texte. ☐

b. Ils ont acheté une .... voiture. ☐

c. Les gens de Cannes sont .... ☐

☐

3 Die Verneinung

Beantworten Sie die Fragen verneinend.

a. Les employés sont-ils en grève ?

Non, ... ☐

b. Est-ce que tu as plusieurs frères ?

Non, (ich habe nur einen Bruder)

....

4 Das Adverb

Bilden Sie die Adverbien zu folgenden Adjektiven.

a. heureux ....

b. bref ....

c. poli ....

5 Der Infinitiv

Schreiben Sie dieses Rezept neu, indem Sie nach dem Muster die Imperative durch Infinitive ersetzen.

Prenez de la farine → Prendre de la farine.

a. Mettez du beurre. ....

b. Battez trois œufs. ....

c. Recouvrez le jambon avec ce mélange.

....

d. Mettez au four pendant 45 minutes.

....

Gesamtpunktzahl

Niveaustufentest A2

1 Das Relativpronomen
Vervollständigen Sie die Sätze mit qui, que, où oder dont.

a. Mon voisin a un chien .... j'ai très peur. ☐

b. J'ai un bon souvenir de cette ville .... j'ai vécu deux ans, puisque c'est une ville .... offre beaucoup à découvrir. ☐

c. Voici les papiers .... tu veux pour partir. ☐

☐

2 Die Verneinung
Verneinen Sie die Sätze. Ersetzen Sie die hervorgehobenen Wörter durch Pronomen.

a. Tu as déjà donné la lettre à Pierre ?

Non, ... ☐

b. Est-ce qu'elle pense à faire sa gymnastique ?

Non, ... ☐

☐

3 Das Adjektiv
Kreuzen Sie an: In welchem Satz steht das Adjektiv an der richtigen Stelle (✓), in welchem an der falschen (✗)?

a. ☐ En classe il faut parler à voix haute. ☐

b. ☐ Il m'a raconté une amusante histoire. ☐

☐

4 Das Passiv

Bilden Sie Passivsätze. Passen Sie das Partizip Perfekt an.

a. Le garagiste a gonflé les pneus.

.... ☐

b. Nous avons repeint la maison en blanc.

.... ☐

☐

5 Die Ergänzung des Verbs

Markieren Sie, ob die Ergänzungen richtig (✓) oder falsch (✗) sind.

a. ☐ Si tu payes l'addition pense pour demander le reçu. ☐

b. ☐ Après trois ans dans l'industrie, il s'est fait patron d'un restaurant. ☐

☐

6 Der Teilungsartikel

Kreuzen Sie an: In welchen Sätzen ist der Teilungsartikel richtig (✓), in welchen falsch (✗)?

a. ☐ Désirez-vous du jus de fruit ? ☐

b. ☐ Elle a des cheveux bruns. ☐

c. ☐ Elle a du peur, c'est évident. ☐

☐

Gesamtpunktzahl ☐

Niveaustufentest B1

1 Die Verneinung
Übersetzen Sie die Sätze mit rien, personne und aucun.

a. Nichts ist verloren.

.... ☐

b. Niemand möchte im Leben alleine bleiben.

.... ☐

c. Es gibt darauf überhaupt keine Antwort.

.... ☐

☐

2 Die Präposition
Welche Präpositionen gehören in die Lücken?

a. Il a mis la vis .... l'aide d'une machine. (à / avec / sous) ☐

b. La cause .... son échec n'est pas évidente. (de / pour / dans) ☐

c. Si elle est ambitieuse, c'est par soif .... argent. (d' / à / sur) ☐

☐

3 Die Ergänzung des Verbs
Übersetzen Sie die Sätze ins Französische.

a. Schließlich bin ich Jean in die Arme gelaufen.

.... ☐

b. Du fehlst mir.

....

c. Er hielt dich für seinen besten Freund.

....

d. Heute Morgen sind sie nach Avignon abgereist.

....

4 Subjonctif oder Indikativ?
Setzen Sie die passende Form des Verbs in Klammern ein.

a. La maison est trop petite pour que toute la famille .... (pouvoir) y loger.

b. Il faut que tu .... (s'asseoir) à sa droite.

5 Das Possessiv- und das Demonstrativpronomen
Vervollständigen Sie die Sätze mit le sien, la leur, ceux-ci.

a. C'est son stylo ? Oui, c'est ....

b. C'est bien leur maison, là-bas ? Oui, c'est ....

c. Si tu ne trouves pas tes ciseaux, prends ....

Gesamtpunktzahl

Niveaustufentest B2

1 Der Subjonctif

Ersetzen Sie das Hervorgehobene wie im Muster durch den Subjonctif Présent.

Il avait peur d'être chassé.
→ Il avait peur qu'on ne le chasse.

a. Il refuse d'être accusé de vol.

.... ☐

b. Nous attendons d'être reçus par le directeur.

.... ☐

☐

2 Die Verneinung

In welchem Satz muss pas nicht stehen?
Kreuzen Sie richtig (✓) oder falsch (✗) an.

a. ☐ Elle ne sait faire du café au lait. ☐

b. ☐ Malheureusement il n'est très vigilant,
c'est pourquoi il est tombé sur cette personne. ☐

☐

3 Der Konditional

Wie müssen die Sätze eingeleitet werden?
Ergänzen Sie si oder quand.

a. .... j'étais roi, je serais propriétaire d'un château. ☐

b. .... ils étaient en vacances, les voisins se sont occupés de leur chien. ☐

☐

4 Das Partizip und das Gerund

Verkürzen Sie die Nebensätze durch ein Gerund oder ein Partizip Präsens.

a. Elle a terminé son projet parce qu'elle a travaillé jour et nuit.

.... ☐

b. Mireille a beaucoup maigri parce qu'elle a évité le fromage et le chocolat.

.... ☐

☐

5 Die indirekte Rede

Setzen Sie die Sätze in die indirekte Rede.

a. Le ministre déclare : « En ce moment on sait que la liste des fraudeurs fiscaux n'est qu'un début. »

....

.... ☐

b. Il a dit : « Mon ami n'a jamais bougé d'un millimètre sur ses positions. »

....

.... ☐

☐

Gesamtpunktzahl ☐

Tipps & Tricks: Grammatik lernen, fast kinderleicht

Beneiden Sie nicht auch manchmal Kinder, die eine Sprache so ganz einfach nebenbei lernen, ohne sich über lästige Grammatikregeln oder fehlerhafte Konstruktionen Gedanken zu machen? Ganz so sorglos können wir Ihnen die Grammatik nicht nahebringen, aber nichtsdestotrotz heißt Sprachenlernen und insbesondere Grammatiklernen nicht zwingend stures Auswendiglernen und langweiliges Regelpauken. Um Ihnen den Umgang mit Grammatik etwas zu erleichtern, verraten wir Ihnen hier einige praktische Tipps & Tricks zum Grammatiklernen.

L! Das Gesetz der Regelmäßigkeit

Grammatik ist wie Sport. Wer nur einmal alle Jubeljahre trainiert, wird wohl kein Marathonläufer. Es ist sinnvoller, regelmäßig ein wenig als unregelmäßig viel zu lernen. Setzen Sie einen bestimmten Zeitpunkt fest, zu dem Sie sich ungestört der Fremdsprache widmen können, z. B. täglich eine Viertelstunde vor dem Einschlafen oder drei Mal wöchentlich in der Mittagspause. Wie immer Sie sich entscheiden: Lernen Sie kontinuierlich, denn nur so lässt sich Ihr Langzeitgedächtnis trainieren.

L! Aufwärmen lohnt sich

Gelernten Stoff zu wiederholen ist wie leichtes Joggen: Laufen Sie sich warm mit Altbekanntem, bevor Sie sich an Neues wagen. Auch wenn ständig neue Grammatikregeln auf Sie zukommen, darf das bereits Erlernte nicht vernachlässigt werden.

L! Das Salz in der Suppe

Versuchen Sie niemals zu viele Grammatikregeln auf einmal zu lernen. Man verliert schnell den Überblick und vergisst die Details. Verwenden Sie Grammatik wie das Salz in der Suppe. Ebenso wie man eine Suppe versalzen kann, kann man sich das Erlernen einer Fremdsprache erschweren, indem man versucht, sich zu viele Grammatikregeln auf einmal einzuprägen. Lernen Sie langsam, stetig und zielorientiert und verdauen Sie in kleinen Häppchen. Nur Geduld!

L! Wer ist schon perfekt ...

Immer locker bleiben! Lassen Sie sich nicht von Perfektionsgedanken leiten. Perfektion ist nicht das vordergründigste Ziel beim Erlernen einer Fremdsprache. Die Schönheit der Sprache sollte im Mittelpunkt stehen sowie das gute Gefühl, von seinem Gegenüber richtig verstanden zu werden.

L! Fehleranalyse gegen Fettnäpfchen

Haben Sie keine Angst vor Fehlern! Es ist nicht das Ziel des Lernens, keine Fehler zu machen, sondern gemachte Fehler zu bemerken. Nur wer einen Fehler im Nachhinein erkennt, kann ihn beim nächsten Mal vermeiden. Das Beherrschen grammatischer Grundregeln ist dabei durchaus hilfreich: zum einen, um einen Fehler und den vielleicht erstaunten oder verständnislosen Gesichtsausdruck des Gegenübers nachvollziehen zu können, und zum anderen, um nicht ein zweites Mal in dasselbe Fettnäpfchen zu treten.

L! Begeben Sie sich nicht ins Abseits

Grammatik ist spannend, wenn man sich einen Einblick in ihre Strukturen verschafft. Vergleichen Sie Grammatik auch in diesem Sinne mit Sport. Jede Sportart wird erst dann so richtig interessant, wenn man in der Lage ist, ihre Regeln nachzuvollziehen. Oder würden Sie auch Fußball oder Tennis anschauen, wenn es für Sie nur ein sinnfreies „Dem-Ball-Nachlaufen" darstellen würde? Betrachten Sie eine Fremdsprache als eine Sportart, deren komplizierte Spielregeln Sie allmählich erlernen, um mitspielen und mitreden zu können, damit Sie nicht im Abseits landen.

L! Haben Sie einen Typ?

Finden Sie heraus, welcher Lerntyp Sie sind. Behalten Sie eine Regel schon im Gedächtnis, wenn Sie sie gehört haben *(Hörtyp)* oder müssen Sie sie gleichzeitig sehen *(Seh-, Lesetyp)* und dann aufschreiben *(Schreibtyp)*? Macht es Ihnen Spaß, Grammatikregeln in kleinen Rollenspielen auszuprobieren *(Handlungstyp)*? Die meisten Menschen tendieren zum einen oder anderen Lerntyp. Reine Typen kommen nur sehr selten vor. Sie sollten daher sowohl Ihren Typ ermitteln als auch Ihre Lerngewohnheiten Ihren Vorlieben anpassen. Halten Sie also Augen und Ohren offen und lernen Sie ruhig mit Händen und Füßen, wenn Sie der Typ dafür sind.

L! Sags mit einem Post-it

Auf Post-its wurden schon Heiratsanträge gemacht oder Beziehungen beendet. Also ist es kein Wunder, dass man damit auch Grammatik lernen kann. Schreiben Sie sich einzelne Regeln (idealerweise mit Beispielen, s. u.) separat auf Blätter oder Post-its und hängen Sie sie dort hin, wo Sie sie täglich sehen können, z. B. ins Bad über den Spiegel, an den Computer, den Kühlschrank oder neben die Kaffeemaschine. So verinnerlichen Sie bestimmte Regeln ganz nebenbei. Denn das Auge lernt mit.

L! Beispielsätze gegen Trockenfutter

Trockenfutter ist schwer verdaulich. Einzelne Grammatikregeln trocken aufzunehmen ebenso. Ergänzen Sie jede Regel mit Beispielsätzen. Wenn Ihnen die Beispiele, die Sie in den Lehrbüchern finden, nicht gefallen, formulieren Sie eigene!

Fortgeschrittene können in Originaltexten (Zeitungen, Büchern, Filmen, Songtexten) nach konkreten Anwendungsbeispielen suchen. So wird Grammatik leicht bekömmlich.

L! Führen Sie Selbstgespräche

Wählen Sie besonders schwierige Grammatikphänomene aus, schreiben Sie dazu einzelne Beispielsätze auf und sprechen Sie diese laut vor sich hin, z. B. unter der Dusche, beim Spazierengehen oder während langer Autofahrten. Reden Sie mit sich selbst in der Fremdsprache, so prägen Sie sich auch komplizierte Wendungen ganz schnell ein.

L! Grammatik à la Karte

Wie beim Vokabellernen lässt sich auch für die Grammatik eine Art Karteikasten mit einzelnen Karten anlegen. Schreiben Sie eine Regel, eine Ausnahme oder ein Stichwort auf die eine Seite und Beispiele, Anwendungen oder Lösungen auf die andere. Schauen Sie sich die Karten regelmäßig an und sortieren Sie die, die Ihnen vertraut sind, allmählich aus.

L! Haben Sie einen Plan?

Schreiben Sie zusammengehörende Grammatikregeln auf einem großen Bogen Papier, knapp und präzise, eventuell mit Zeichnungen, Verweisen und kurzen Beispielen überschaubar zusammen und erstellen Sie Ihren persönlichen Lageplan. Mithilfe sogenannter *mind maps* gewinnen Sie schon durch das bloße Erstellen des Plans ganz schnell

Einblick in die Struktur der Sprache und verschaffen sich einen schnellen übersichtlichen Gesamtüberblick. Ob Sie dieses Papier dann auch irgendwo hinhängen oder nicht, ist nicht ausschlaggebend, denn Sie haben dann ja den Plan schon im Kopf.

L! Meerblick durch Auswendiglernen

Lernen Sie auch mal eine Grammatikregel mit dazugehörigen Beispielsätzen auswendig. Wenn Sie sich den Beispielsatz selbst ausgedacht haben, wird er Ihnen leichter als ein fremder im Gedächtnis bleiben, und Sie werden die entsprechende Regel auch schneller anwenden können. Lernen Sie auch situationsgebundene Phrasen auswendig. Feste Redewendungen mitsamt der jeweilig dahinterstehenden Grammatik parat zu haben, vereinfacht die Verständigung in den häufig wiederkehrenden Standardsituationen im Ausland. Denn wer will schon jedes Mal im Vorfeld das Kapitel Relativpronomen wiederholen, wenn er einfach nur ein Hotelzimmer buchen möchte, *das* Meerblick hat.

L! Bleiben Sie in Bewegung

Sie müssen beim Lernen nicht unbedingt am Schreibtisch sitzen. Stehen Sie auf, gehen Sie im Zimmer auf und ab oder wiederholen Sie beim Spazierengehen, beim Joggen, beim Schwimmen in Gedanken die neu gelernten Regeln. Ihr Gehirn funktioniert nachweislich besser, wenn Ihr Körper in Bewegung ist. Und Ihr Kreislauf dankt es Ihnen auch.

L! Grammatik aus dem Ei

Behelfen Sie sich beim Lernen von Grammatikregeln und -strukturen mit Eselsbrücken, Reimen, Merkhilfen und Lernsprüchen. „7-5-3 Rom schlüpft aus dem Ei" – was bei historischen Jahreszahlen funktioniert, klappt auch beim Sprachenlernen.

L! Setzen Sie Ihrer Fantasie keine Grenzen
Machen Sie sich im wahrsten Sinne ein Bild von der Situation, denn auch Bilder, die Sie im Kopf haben, dienen als Gedächtnisstützen. Versuchen Sie also, einen neuen grammatischen Begriff oder eine schwierige Regel mit einem einfachen Bild zu verknüpfen. Vor allem das Erlernen der Zeiten funktioniert besser, wenn Sie sich das, was die jeweilige Zeitform ausdrückt, visuell vorstellen. Diese Vorstellungen können abstrakt oder konkret sein. Je gefühlsintensiver ein Bild ist, desto einprägsamer ist der damit in Verbindung gebrachte grammatische Inhalt.

L! Gretchenfrage: Und wie stehts mit der Muttersprache?
Denken Sie über Ihre eigenen Sprechgewohnheiten nach und schauen Sie sich die Regeln Ihrer Muttersprache an. Die Gesetze der Fremdsprache sind viel einfacher nachvollzieh- und erlernbar, wenn man die Unterschiede zur eigenen Sprache kennt.

L! Tauschen Sie Grammatik gegen Sauerbraten
Versuchen Sie, einer anderen Person (Kind, Freund/in, Partner) die grammatischen Eigenarten einer Fremdsprache zu erklären. Niemand lernt besser als jemand, der andere unterrichtet, und sich dabei die Regeln noch mal selbst bewusst macht. Dafür erklärt Ihr Kind Ihnen sicher bei Bedarf, wie man eine MMS verschickt, oder Ihre Schwiegermutter, wie man Sauerbraten zubereitet.

L! E-Mail für Sie
Um auch schriftlich voneinander zu lernen, suchen Sie sich eine/n E-Mailpartner/in und schreiben Sie kurze fremdsprachige Mails. Treffen Sie die Vereinbarung, sich gegenseitig zu korrigieren. Sie werden sehen, es macht Spaß, sich über sprachliche Dinge auszutauschen und auf

die Fehler des anderen, die vielleicht auch Ihre eigenen sind, aufmerksam zu machen.

L! Wer liest, ist im Vorteil

Wagen Sie sich langsam an fremdsprachige Lektüre heran, sei es in vereinfachter Form mit Übersetzungshilfen, sei es in Form leichter Originaltexte und schauen Sie sich die grammatischen Feinheiten gesondert an. Es zählt nicht, wie viel Sie lesen, sondern dass Sie einzelne grammatische Strukturen nachvollziehen können.

L! Haben Sie O-Töne?

Lernen Sie multimedial. Schauen Sie DVDs oder Kinofilme im Originalton und wenn möglich mit Originaluntertitel an, also z. B. einen französischen Film mit französischem Untertitel. Sie werden sehen, dass Sie durch das Mitlesen das Gesprochene wesentlich besser verstehen als ohne die Texthilfe. Halten Sie die DVD gelegentlich auch mal an und schreiben Sie sich interessante Wörter, Phrasen oder grammatische Strukturen auf. Ihren Fortschritt können Sie daran messen, je häufiger Ihnen Grammatikfehler von Seiten der Schauspieler auffallen.

L! Learning by doing in freier Wildbahn

Zu guter Letzt, wenden Sie die Sprache an. Reisen Sie in Länder, in denen die Sprache gesprochen wird, genießen Sie es, mit Menschen in der Sprache zu sprechen, die Sie gerade lernen oder dann auch schon können und freuen Sie sich über die Anerkennung, die Sie dafür bekommen, und die Kontakte, die Sie dabei knüpfen können – weil Sprachen verbinden …

Viel Spaß beim Französischlernen wünscht Ihnen
Ihre Langenscheidt-Redaktion

1 Der Artikel

A1

Der Artikel im Französischen hat nur ein Maskulinum und ein Femininum. Das Neutrum gibt es im Gegensatz zum Deutschen nicht.

1.1 Der bestimmte Artikel

A1

Formen

Maskulinum Singular	Plural	Femininum Singular	Plural
le livre *das Buch*	**les** livres	**la** rue *die Straße*	**les** rues
l'enfant *das Kind*	**les** enfants	**l'**orange *die Orange*	**les** oranges

Stumme Buchstaben kommen im Französischen recht häufig vor. Denken Sie daher an die Liaison vor Vokalen!

les‿oranges *die Orangen* les‿enfants *die Kinder*

Vor Substantiven, die mit Vokal oder stummem h beginnen, wird der bestimmte Artikel le oder la zu l':

le/la → **l'**

Die belden Formen des bestimmten Artikels le und les verschmelzen mit den Präpositionen à und de:

à + le = **au**
aller **au** cinéma
ins Kino gehen

à + les = **aux**
un gâteau **aux** pommes
ein Apfelkuchen

de + le = **du**
le fils **du** professeur
der Sohn des Lehrers

de + les = **des**
l'appartement **des** copains
die Wohnung der Freunde

Gebrauch

💡 Der bestimmte Artikel steht vor Substantiven, die schon erwähnt worden, eindeutig bestimmt oder allgemein bekannt sind. Der bestimmte Artikel bleibt auch in verneinten Sätzen bestehen:
Mon frère aime **la** musique. *Mein Bruder mag Musik.*
Mon frère **n'**aime **pas la** musique. *Mein Bruder mag* ***keine*** *Musik.*

Der bestimmte Artikel steht bei

- Kontinenten und Ländern:
  l'Europe *Europa*, **la** France *Frankreich*
  (◖ aber: B2 Israël *Israel*, B2 Monaco *Monaco*)
- B2 Regionen und großen europäischen Inseln:
  le Périgord *das Perigord*, **la** Bavière *Bayern*, **la** Corse *Korsika*, **la** Sardaigne *Sardinien*
  (◖ aber: Malte *Malta*, Cuba *Kuba*)
- ⚡ Personennamen:
  Les Durand aiment bien **la** Hollande. *Die Durands mögen Holland gern.*
  Personennamen werden im Französischen nicht angeglichen.
- A2 Körperteilen:
  Isabelle a **les** yeux verts. *Isabelle hat grüne Augen.*
- Wochentagen:
  💡 Der bestimmte Artikel steht bei Wochentagen zum Ausdruck einer Gewohnheit.
  Le lundi je vais au cinéma. ***Montags*** *gehe ich ins Kino.*
  (⚡ Il part en vacances **lundi**. *Er fährt* ***am Montag*** *in Urlaub.*)
- kirchlichen Feiertagen:
  à **la** Pentecôte *zu Pfingsten*
  (⚡ à Noël *zu Weihnachten*, A2 à Pâques *zu Ostern*)

- Gattungen:
  la musique classique *klassische Musik*
- Stoffnamen: B1
  Le verre est recyclable. *Glas ist wiederverwertbar.*

L! Lernen Sie die Vokabeln am besten immer mit dem richtigen dazugehörigen Artikel, damit Sie sich auch gleich das Genus der Substantive einprägen!

1.2 Der unbestimmte Artikel A1

Formen

L! Im Deutschen und Französischen gibt es Ähnlichkeiten bei der Bildung der unbestimmten Artikel:

ein → **un**, *eine* → **une**

Anders als im Deutschen hat der unbestimmte Artikel im Französischen eine Pluralform: des.

Maskulinum Singular	Plural	Femininum Singular	Plural
un livre *ein Buch*	**des** livres	**une** table *ein Tisch*	**des** tables

Gebrauch

Der unbestimmte Artikel wird im Französischen meist so verwendet wie im Deutschen: Er steht vor nicht näher bestimmten Substantiven.
Une femme entre dans le café. ***Eine*** *Frau betritt das Café.*

Vor Substantiven im Plural mit vorangehendem Adjektiv wird der unbestimmte Artikel des zu de:
Diane a **des** enfants agréables. *Diane hat angenehme Kinder.*
Diane a **de** jeunes enfants. *Diane hat junge Kinder.*

Vor Substantiven, die mit Vokal oder stummem h beginnen, wird de zu d':

de → **d'**

Die Verneinung des unbestimmten Artikels erfolgt durch ne ... pas de = *kein*:
Claire mange **un** œuf. *Claire isst* ***ein*** *Ei.*
Claire **ne** mange **pas d'**œuf. *Claire isst* ***kein*** *Ei.*

Ausnahme: Bei dem Verb être *sein* verändert sich der unbestimmte Artikel in der Verneinung jedoch nicht:
C'est **un** vieux meuble. *Das ist* ***ein*** *altes Möbelstück.*
Ce **n'est pas un** vieux meuble. *Das* ***ist kein*** *altes Möbelstück.*

A1

1.3 Der Teilungsartikel

Im Französischen gibt es so wie in anderen romanischen Sprachen auch einen Teilungsartikel.

Formen

Maskulinum	Femininum	Plural
du vin *Wein* **de l'**argent *Geld*	**de la** musique *Musik* **de l'**eau *Wasser*	**des** bagages *Gepäck*

Der Plural des Teilungsartikels hat die gleiche Form wie der Plural des unbestimmten Artikels.

Vor Substantiven, die mit Vokal oder stummem h beginnen, steht der Teilungsartikel de l':

du/de la → **de l'**

Gebrauch

Der Teilungsartikel steht im Französischen bei

- nicht zählbaren Dingen und unbestimmten Mengen:
  Cédric boit **du** thé le matin. *Cédric trinkt morgens Tee.*
  Elle achète **de la** viande. *Sie kauft Fleisch ein.*
- Abstrakta:
  Sylvain a **de la** chance. *Sylvain hat Glück.*
  Marie a **du** courage. *Marie hat Mut.*
- manchen Redewendungen wie:
  faire + Teilungsartikel + Tätigkeit
  Yann fait **du** vélo. *Yann fährt Rad.*
  (◐ aber: A2 Maman fait **les** courses, **la** cuisine et **le** ménage. *Mutti kauft ein, kocht und macht den Haushalt.*)
  und
  B1 jouer + Teilungsartikel + Musikinstrument
  Patricia joue **de la** guitare. *Patricia spielt Gitarre.*

⚡ Nach Mengenangaben + de entfällt der Teilungsartikel:
Il y a **beaucoup de** vent. *Es ist sehr windig.*
une **bouteille de** vin *eine Flasche Wein*

💡 Die Verneinung des Teilungsartikels erfolgt durch
ne ... pas de = *kein*:
Les hommes ont du travail. *Die Männer haben Arbeit.*
Les hommes **n'ont pas de** travail. *Die Männer haben **keine** Arbeit.*

◐ Ausnahme: Bei dem Verb être verändert sich der Teilungsartikel in der Verneinung jedoch nicht:
C'**est du** café. *Das ist Kaffee.*
Ce **n'est pas du** café. *Das ist **kein** Kaffee.*

A1

2 Das Substantiv

A1

2.1 Das Genus

Im Französischen sind die Substantive entweder maskulin oder feminin. Man unterscheidet zwischen dem *natürlichen* Geschlecht von Substantiven, die Personen und Tiere bezeichnen, und dem *grammatischen* Geschlecht von Substantiven, die keine Lebewesen bezeichnen.

Französische Substantive haben im Deutschen oft ein anderes Genus, z. B. **la** table = *der Tisch* oder **le** feu = *das Feuer.*

Es kann hilfreich sein, die Vokabeln schon beim Abschreiben mit unterschiedlichen Farben zu markieren (z. B. Blau für Maskulinum und Rot für Femininum), um sich das Genus auf diese Weise gleich richtig einzuprägen.

Formen

Für das *natürliche* Geschlecht bei Substantiven gilt im Allgemeinen folgende Regel:

Femininum = Maskulinum + **-e**

Maskulinum	Femininum
un ami *ein Freund*	**une** ami**e** *eine Freundin*
un Français *ein Franzose*	**une** Français**e** *eine Französin*

(aber: un copain *ein Freund,* une copine *eine Freundin*)

Manche Substantive werden jedoch im Femininum durch besondere Endungen gekennzeichnet.
Hier sind einige Beispiele:

Maskulinum		Femininum	
-er	le polici**er** *der Polizist*	**-ère**	la polici**ère** *die Polizistin*
-teur	l'ac**teur** *der Schauspieler*	**-trice**	l'ac**trice** *die Schauspielerin*
	le chan**teur** *der Sänger*	**-teuse**	la chan**teuse** *die Sängerin*
-eur	le coiff**eur** *der Friseur*	**-euse**	la coiff**euse** *die Friseurin*
-on	le patr**on** *der Chef*	**-onne**	la patr**onne** *die Chefin*
-en	l'Europé**en** *der Europäer*	**-enne**	l'Europé**enne** *die Europäerin*
-ien	le ch**ien** *der Hund*	**-ienne**	la ch**ienne** *die Hündin*

Viele maskuline Substantive auf -e ändern ihre Form im Femininum nicht:

Maskulinum	Femininum
le journalist**e** *der Journalist*	la journalist**e** *die Journalistin*
le secrétair**e** *der Sekretär*	la secrétair**e** *die Sekretärin*

Ausnahmen: Einige Substantive haben im Maskulinum und im Femininum unterschiedliche Formen:

Maskulinum	Femininum
un homme *ein Mann*	une femme *eine Frau*
un frère *ein Bruder*	une soeur *eine Schwester*

Einige Substantive, insbesondere ursprünglich vorwiegend männliche Berufsbezeichnungen, haben keine weibliche Form. Andere hingegen gibt es nur im Femininum: B2

nur **Maskulinum**	nur **Femininum**
le médecin *der Arzt/die Ärztin*	la victime *das Opfer*
l'écrivain *der Schriftsteller*	la sage-femme *die Hebamme*

In einigen Ländern der Frankofonie findet seit der Frauenbewegung der 70er Jahre des letzten Jahrhunderts eine Feminisierung von Berufsbezeichnungen statt. Die kanadische Provinz Quebec leistet Pionierarbeit in dieser Richtung. Dort sind folgende Ausdrücke gängig: **une écrivaine** (statt une femme écrivain), **une ingénieure, une avocate, une professeure** etc.

In Bezug auf das grammatische Geschlecht lässt sich im Allgemeinen feststellen, dass Substantive mit folgenden Endungen meist maskulin sind:

Maskulinum		
-isme	le tour**isme**	*der Tourismus*
-ent	le renseignem**ent**	*die Auskunft*
-eau	le chât**eau**	*das Schloss*
-et	le guich**et**	*der Schalter*
-ail	le trav**ail**	*die Arbeit*
-al	le journ**al**	*die Zeitung*
-ier	le quart**ier**	*das Stadtviertel*
-age	le voy**age**	*die Reise*
-oir	le trott**oir**	*der Gehsteig*

Farben, Himmelsrichtungen, Jahreszeiten, Sprachen sowie Wochentage sind im Französischen maskulin: le rouge *das Rot*, le nord *der Norden*, le printemps *der Frühling*, le français *Französisch*, le mercredi *der Mittwoch/ mittwochs.*

B2 Bäume, Metalle und chemische Elemente sind in der Regel ebenfalls maskulin: le chêne *die Eiche*, le fer *das Eisen*, l'oxygène *der Sauerstoff.*

Substantive mit folgenden Endungen sind meist feminin:

Femininum		
-e	la cart**e**	*die Karte*
-té	la publici**té**	*die Werbung*

-ette	l'assi**ette**	*der Teller*
-ion	la quest**ion**	*die Frage*
-ie	la sort**ie**	*der Ausgang*
-ance	la ch**ance**	*das Glück*
-ence	l'ess**ence**	*das Benzin*
-esse	la jeun**esse**	*die Jugend*
-aille	B2 la ferr**aille**	*der Schrott*
-euse	B2 la perc**euse**	*die Bohrmaschine*

Viele Ländernamen auf **-e** sowie Automarken sind im Französischen feminin: la France *Frankreich*, la Renault de M. Fortin *Herr Fortins Renault.*

Manche Substantive haben zwei Geschlechter mit verschiedenen Bedeutungen: B2

Maskulinum	Femininum
un livre *ein Buch*	**une** livre *ein Pfund*
le voile *der Schleier*	**la** voile *das Segel*
le vase *die Vase*	**la** vase *der Schlick*
le poêle *der Ofen*	**la** poêle *die Pfanne*

2.2 Der Plural A1

Wie im Deutschen wird im Französischen der Plural der Substantive gebildet, indem sich der Artikel und die Singularendung verändern.

Formen

Allgemein gilt für die Bildung des *regelmäßigen Plurals*:

Plural = Singular + **-s**

Singular	Plural
l'enfant *das Kind*	**les** enfants
la voiture *das Auto*	**les** voitures

Des Weiteren gibt es folgende *unregelmäßige Pluralformen*:

- Die Substantive auf -s-, -x oder -z bleiben im Plural unverändert:

Singular	Plural
le pay**s** *das Land*	les pay**s**
le pri**x** *der Preis*	les pri**x**
le ne**z** *die Nase*	les ne**z**

- Die Substantive auf -eau bilden den Plural wie folgt:

Plural = Singular + -x

Singular	Plural
le gâteau *der Kuchen*	les gâteau**x**

B2
- Die Substantive auf -au und -eu bilden den Plural wie folgt:

Plural = Singular + -x

Singular	Plural
le noyau *der Kern*	les noyau**x**
aber: le landau *der Kinderwagen*	les landau**s**
le jeu *das Spiel*	les jeu**x**
aber: le pneu *der Reifen*	les pneu**s**

- Die Substantive auf -ail, -al bilden den Plural wie folgt:

Plural = Singular ohne -ail/-al + -aux

Singular	Plural
le travail *die Arbeit*	les trav**aux**
aber: B1 le détail *das Detail*	les détail**s**
le journal *die Zeitung*	les journ**aux**
aber: le carnaval *der Karneval*	les carnaval**s**

- Folgende Substantive auf -ou, wie bijou *Schmuck*, caillou *Kieselstein*, chou *Kohl*, genou *Knie*, hibou *Eule*, joujou *Spielzeug*, pou *Laus*, bilden den Plural wie folgt:

Plural = Singular + -x

Singular	Plural
le caillou *der Kieselstein*	les caillou**x**
aber: le clou *der Nagel*	les clou**s**

- ϟ Folgende Substantive haben im Plural eine ganz andere Form z. B:

Singular	Plural
madame *Frau*	mesdames
monsieur *Herr*	messieurs
A2 l'oeil *das Auge*	les yeux

Bei *zusammengesetzten Substantiven* treten folgende Pluralformen auf: B2

- Substantiv + Substantiv *oder* Substantiv + Adjektiv *oder* Adjektiv + Adjektiv:

Singular	Plural
le chou-fleur *der Blumenkohl*	les chou**x**-fleur**s**
le coffre-fort *der Geldschrank*	les coffre**s**-fort**s**
le sourd-muet *der Taubstumme*	les sourd**s**-muet**s**

ϟ Beide Teile verändern sich im Plural.

- Verb + Substantiv:

Singular	Plural
un ouvre-boîte *ein Dosenöffner*	des ouvre-boîte**s**

ϟ Das Verb bleibt im Plural unverändert.

Auf einen Blick

Der Artikel

Der bestimmte Artikel

Der bestimmte Artikel steht vor Substantiven, die eindeutig sind oder vorher erwähnt wurden.
Der Singular lautet le im Maskulinum und la im Femininum: **le** théâtre *das Theater*, **la** mer *das Meer*. Im Plural heißen beide Formen les: **les** théatres, **les** mers.
Im Gegensatz zum Deutschen steht der bestimmte Artikel im Französischen auch bei abstrakten Begriffen: **Le** temps c'est de l'argent. *Zeit ist Geld.*
Vor Vokalen und stummem h werden le und la apostrophiert: **l'**hôtel *das Hotel*, **l'**alliance *das Bündnis*. Die Formen le und les verschmelzen mit der Präposition à zu au bzw. aux, mit der Präposition de zu du bzw. des.

Der unbestimmte Artikel

Der unbestimmte Artikel steht vor nicht näher bestimmten oder noch nicht vorher genannten Substantiven.
Maskulinum Singular lautet un, Femininum Singular une: **un** arbre *ein Baum*, **une** solution *eine Lösung*. Der Plural heißt des: **des** enfants *Kinder*.
Wenn ein Adjektiv vor dem Substantiv steht, wird des zu de: **de** jolies filles *hübsche Mädchen*.

Der Teilungsartikel

Teilungsartikel stehen vor nicht zählbaren und unbestimmten Mengen wie Flüssigkeiten, vor abstrakten Substantiven wie chance *Glück* sowie vor bestimmten Redewendungen. Im Maskulinum heißt der Teilungsartikel du bzw. de l', im Femininum de la bzw. de l' und im Plural des: **du** lait *Milch*, **de** l'air *Luft*, **de la** tarte *Kuchen*, **des** maisons *Häuser*.

Verneint wird durch ne ... pas de *kein*, außer bei être: **Ils n'**ont **pas de** vin. *Sie haben **keinen** Wein.* Aber: Ce **n'**est **pas du** jus. *Das ist **kein** Saft.*

Der Teilungsartikel entfällt nach folgenden Mengenangaben: assez de *genug*, beaucoup de *viel*, combien de *wie viel*, peu de *wenig*, plus de *mehr*, trop de *zu viel*, un boîte de *eine Dose*, un kilo de *ein Kilo*, un litre de *ein Liter*, un million de *eine Million*, un verre de *ein Glas*, une bouteille de *eine Flasche*.

Das Substantiv

Das Genus

Bei Lebewesen ist das grammatische Geschlecht mit dem natürlichen Geschlecht identisch: **un** homme ***ein** Mann*, **une** femme ***eine** Frau*.

Um die feminine Form von Nationalitätsbezeichnungen und Berufen zu bilden, wird meist an die maskuline Form ein -e angehängt: un allemand *ein Deutscher*, une allemand**e** *eine Deutsche*.

Der Plural

Bei den regelmäßigen Formen wird an die Singularform ein -s angehängt, um den Plural zu bilden: le jardin *der Garten*, les jardin**s** *die Gärten*; la maison *das Haus*, les maison**s** *die Häuser*.

A1

3 Das Adjektiv

Adjektive beschreiben Personen, Sachen und Begriffe näher und richten sich im Französischen in Zahl und Geschlecht nach dem dazugehörigen Substantiv, auch in prädikativer Funktion (z. B. nach dem Verb être).

A1

3.1 Das Genus

Formen

Grundsätzlich gilt für die Bildung des Femininums folgende allgemeine Regel:

Femininum = Maskulinum + -e

Maskulinum	Femininum
un joli garçon *ein hübscher Junge* un livre intéressant *ein interessantes Buch*	une joli**e** fille *ein hübsches Mädchen* une histoire intéressant**e*** *eine interessante Geschichte*

Achten Sie darauf, dass einige Adjektive ihre Aussprache durch die Endung auf -e* verändern! Der sonst stumme Endkonsonant wird dann ausgesprochen.

Bei der Anwendung der allgemeinen Regel ist zu beachten, dass Adjektive auf -e im Femininum unverändert bleiben:

Maskulinum	Femininum
un **jeune** homme *ein junger Mann*	une **jeune** femme *eine junge Frau*

Einige Adjektive werden durch besondere Endungen im Femininum gekennzeichnet:

Maskulinum		**Femininum**			
-er	cher	**-ère**	chère	*teuer*	A1
-en	australien	**-enne**	australienne	*australisch*	
-on	bon	**-onne**	bonne	*gut*	
-il	gentil	**-ille**	gentille	*nett*	
-f	neuf	**-ve**	neuve	*neu*	
-g	long	**-gue**	longue	*lang*	
-c	turc	**-que**	turque	*türkisch*	A2
	grec	**-cque**	grecque	*griechisch*	
	blanc	**-che**	blanche	*weiß*	
-et	inquiet	**-ète**	inquiète	*besorgt*	
	violet	**-ette**	violette	*violett*	
-as	gras	**-asse**	grasse	*fett*	
-eux	amoureux	**-euse**	amoureuse	*verliebt*	
-x	doux	**-ce**	douce	*sanft*	
-x	faux	**-sse**	fausse	*falsch*	B1
-os	gros	**-osse**	grosse	*dick*	
-el	industriel	**-elle**	industrielle	*industriell*	
-eur	supérieur	**-eure**	supérieure	*höhere/leitend*	B2
	voleur	**-euse**	voleuse	*betrügerisch*	
-teur	menteur	**-teuse**	menteuse	*lügnerisch*	

Folgende Adjektive haben zwei Formen im Maskulinum: A2

m. Singular vor Konsonanten	m. Singular vor Vokal oder stummem h	f. Singular
beau *schön*	un **bel** âge	**belle**
nouveau *neu*	un **nouvel** hôtel	**nouvelle**
vieux *alt*	un **vieil** homme	**vieille**
B1 **fou** *verrückt*	un **fol** amour	**folle**

A1 3.2 Der Plural

Formen

ⓘ Der regelmäßige Plural der Adjektive wird im Französischen wie bei den Substantiven mit einem nicht hörbaren -s gebildet, das an die Singularform angehängt wird.

Singular	Plural
une rue calme *eine ruhige Strasse*	des rue**s** calme**s** *ruhige Strassen*

Einige Adjektive haben einen unregelmäßigen Plural:

m. Singular			m. Plural	
-s	gros	*dick*	**-s**	gros
-x	doux	*sanft*	**-x**	doux
-eau	beau	*schön*	**-eaux**	beaux
-al	égal	*egal*	**-aux**	égaux

A1 3.3 Die Angleichung des Adjektivs

Das *attributive* Adjektiv steht direkt beim Substantiv und richtet sich in Geschlecht und Zahl nach diesem:
Il a acheté un **nouvel** appartement. *Er hat eine neue Wohnung gekauft.*

Das *prädikative* Adjektiv steht z. B. nach dem Verb être *sein.*
⚡ Im Gegensatz zum Deutschen wird es auch an das dazugehörige Substantiv angeglichen:
Valérie est **fatiguée.** *Valérie ist müde.*

⚡ Bezieht sich ein Adjektiv auf mehrere durch et verbundene Substantive mit unterschiedlichem Geschlecht, so steht es im Maskulinum Plural:
La salade et le café sont **chers** ici. *Der Salat und der Kaffee sind hier teuer.*

Farbadjektive sind im Regelfall veränderlich und richten sich nach dem dazugehörigen Substantiv:
de beaux vêtements **noirs** *schöne schwarze Anziehsachen*
◐ Ausnahme: Als Farbadjektive gebrauchte Substantive außer rose *rosa* und mauve *lila* sowie zusammengesetzte Farbadjektive sind unveränderlich:
des fleurs **orange** *orangefarbene Blumen*
des lunettes **vert pomme** *eine apfelgrüne Brille*

3.4 Die Stellung des Adjektivs

A1

⚡ Im Gegensatz zum Deutschen stehen im Französischen die meisten Adjektive *nach* dem Substantiv:

- Farbadjektive:
  des pulls bleus *blaue Pullovers*
- Nationalitätsmerkmale:
  des restaurants italiens *italienische Restaurants*
- Adjektive mit Ergänzungen:
  une maison haute de dix mètres *ein zehn Meter hohes Haus*
- Körperliche und geistige Eigenschaften: A2
  des cheveux longs *lange Haare*, une personne ennuyeuse *eine langweilige Person*
- Formadjektive: B2
  une boîte carrée *eine quadratische Schachtel*
- Politik-, Religions- oder Wirtschaftsmerkmale: B2
  les ministres conservateurs *die konservativen Minister*, une fête juive *ein jüdisches Fest*, la recherche génétique *die Genforschung*

Kurze Adjektive und Zahlwörter stehen *vor* dem Substantiv:
un **jeune** homme *ein junger Mann*, une **petite** table *ein kleiner Tisch*, le **troisième** jour *der dritte Tag*.

A2

4 Das Adverb

Das Adverb ergänzt oder bestimmt ein Verb, ein Adjektiv, ein anderes Adverb oder einen Satz näher. Es ist wie im Deutschen unveränderlich.

Formen

Im Französischen haben Adjektive und Adverbien unterschiedliche Formen. Neben den *einfachen*, auch *ursprünglich* genannten Adverbien wie bien *gut* gibt es auch solche, die von Adjektiven *abgeleitet* sind.

Abgeleitete Adverbien werden gebildet, indem an die feminine Form des Adjektivs die Endung -ment angehängt wird:

f. Adjektiv	Adverb	
lent**e**	lent**ement**	*langsam*
heureus**e**	heureus**ement**	*glücklicherweise*

B2

Einige Adverbien verwandeln dabei das -e in -é:

f. Adjektiv	Adverb	
énorm**e**	énorm**é**ment	*sehr, unheimlich*
profond**e**	profond**é**ment	*tief*

Bei den Adjektiven, die auf einen Vokal enden, werden die Adverbien von der männlichen Form des Adjektivs ausgehend gebildet, an die die Endung -ment angehängt wird:

m. Adjektiv	Adverb	
absolu	absolu**ment**	*absolut*
vrai	vrai**ment**	*wirklich*

Auf -ant und -ent endende Adjektive bilden Adverbien auf -amment bzw. -emment: B1

m. Adjektiv	Adverb	
cour**ant**	cour**amment**	*fließend*
évid**ent**	évid**emment**	*offensichtlich*

Des Weiteren gibt es folgende Adverbien mit unregelmäßigen Formen: B2

Adjektiv	Adverb	
gai	**gaiement/gaîment**	*fröhlich*
gentil	**gentiment**	*nett*
bref	**brièvement**	*kurz*

Die *einfachen* Adverbien kann man in verschiedene Kategorien einteilen:

- Adverbien der Art und Weise: A1

Adjektiv	Adverb	
bon	**bien**	*gut, sehr*
mauvais	**mal**	*schlecht*
rapide	**vite, rapidement**	*schnell*

ensemble *zusammen* und mieux *besser* gehören ebenfalls dieser Gruppe an.

Wenn Sie unsicher sind, ob Sie ein Adjektiv oder ein Adverb der Art und Weise brauchen, denken Sie daran:

Adjektiv	→	beschreibt, wie etwas ist
Adverb	→	beschreibt, wie etwas gemacht wird

Il est **bon** en français. *Er ist **gut** in Französisch.*
Il travaille **bien**. *Er arbeitet **gut**.*

A1 • Adverbien des Ortes, der Menge und der Zeit:

Adverbien des Ortes:	ici *hier*, là *da*, loin *weit*, partout *überall*
Adverbien der Menge:	assez *genug*, beaucoup *viel*, peu *wenig*, plus *mehr*, trop *zu (viel)*
Adverbien der bestimmten Zeit:	aujourd'hui *heute*, demain *morgen*, hier *gestern*, maintenant *jetzt*
Adverbien der unbestimmten Zeit:	déjà *schon*, encore *noch*, longtemps *lange*, quelquefois *manchmal*, souvent *oft*, tôt *früh*, toujours *immer*

B1 • Das Adverb tout:
Steht tout vor weiblichen Adjektiven, die mit Konsonanten oder h-aspiré beginnen, ist es veränderlich.
Elle aime se promener **toute** seule. *Sie geht gern* ***ganz*** *allein spazieren.*

B1 Gebrauch

ℹ In einigen festen Wendungen werden im Französischen Adjektive anstelle von Adverbien verwendet.

sentir bon *gut riechen*, coûter cher *viel kosten*, B2 tenir bon *durchhalten*, B2 peser lourd *viel wiegen*, B2 parler bas *leise sprechen*

Stellung

B1

Adverbien stehen *vor* Adjektiven oder anderen Adverbien.
Eve a les cheveux **très** blonds. *Eve hat* ***sehr*** *blonde Haare.*
Il parle **trop** vite. *Er spricht* ***zu*** *schnell.*

In den einfachen Zeitformen stehen die Adverbien meist *nach* dem Verb.
Il va **rarement** au cinéma. *Er geht* ***selten*** *ins Kino.*

In den zusammengesetzten Zeitformen stehen die Adverbien in der Regel *zwischen* Hilfsverb und Partizip Perfekt, insbesondere Adverbien der Menge wie z. B. beaucoup *viel* und die Adverbien bien *gut*, mal *schlecht*, souvent *oft*, toujours *immer* und déjà *schon*.
Vous avez **mal** compris ma question. *Sie haben meine Frage* ***falsch*** *verstanden.*

Adverbien des Ortes stehen immer *nach* dem Partizip Perfekt.
Le chien a dormi **dehors**. *Der Hund hat* ***draußen*** *geschlafen.*

Adverbien, die den Satz näher bestimmen, stehen meist am *Satzende* oder am *Satzanfang*.
(**Demain**), j'irai faire des courses (**demain**). ***Morgen*** *werde ich einkaufen gehen.*

A2

5 Der Vergleich

Vergleiche werden in der Regel mithilfe von Komparativ- und Superlativformen zum Ausdruck gebracht.

A2

5.1 Der Komparativ

Formen

• Der Komparativ der Überlegenheit (+):

plus + Adjektiv + **que**	Il est **plus grand que** son frère. *Er ist **größer als** sein Bruder.*
plus + Adverb + **que**	J'écris **plus vite que** la prof. *Ich schreibe **schneller als** die Lehrerin.*
plus de + Substantiv + **que** (bei Adverbien der Menge)	Je mange **plus de fruits que** mon père. *Ich esse **mehr Obst als** mein Vater.*

• Der Komparativ der Unterlegenheit (-):

moins + Adjektiv + **que**	Il est **moins grand que** son frère. *Er ist **kleiner als** sein Bruder.*
moins + Adverb + **que**	J'écris **moins vite que** la prof. *Ich schreibe **langsamer als** die Lehrerin.*
moins de + Substantiv + **que** (bei Adverbien der Menge)	Elle mange **moins de fruits que** moi. *Sie isst **weniger Obst als** ich.*

• Der Komparativ der Gleichheit (=):

aussi + Adjektiv + **que**	Il est **aussi grand que** son frère. *Er ist **genauso groß wie** sein Bruder.*
aussi + Adverb + **que**	J'écris **aussi vite que** la prof. *Ich schreibe **genauso schnell wie** die Lehrerin.*
autant de + Substantiv + **que** (bei Adverbien der Menge)	Elle mange **autant de fruits que** moi. *Sie isst **genauso viel Obst wie** ich.*

- Unregelmäßige Formen:
  Der Komparativ der Überlegenheit der Adjektive bon *gut*, petit *klein*, mauvais *schlimm* und des Adverbs bien *gut* wird wie folgt gebildet:

	Komparativform + que
bon	**meilleur** *besser*
petit	B2 **moindre** *geringer*
	plus petit *kleiner* (im Sinne von Maß und Größe)
mauvais	B2 **pire** *schlechter*
	plus mauvais *schlechter/schlimmer*
bien	**mieux** *besser*

5.2 Der Superlativ

A2

Formen

- Der Superlativ der Überlegenheit (++):

le/la/les plus + Adjektiv	Il est **le plus grand.** *Er ist **der größte**.*
le plus + Adverb	J'écris **le plus vite.** *Ich schreibe **am schnellsten**.*
le plus de + Substantiv (bei Adverbien der Menge)	Elle mange **le plus de fruits.** *Sie isst **am meisten** Obst.*

- Der Superlativ der Unterlegenheit (- -):

le/la/les moins + Adjektiv	Il est **le moins grand.** *Er ist **der kleinste**.*
le moins + Adverb	J'écris **le moins vite.** *Ich schreibe **am langsamsten**.*
le moins de + Substantiv (bei Adverbien der Menge)	Elle mange **le moins de fruits.** *Sie isst **am wenigsten** Obst.*

- Unregelmäßige Formen:
  Der Superlativ der Überlegenheit der Adjektive bon *gut*, petit *klein*, mauvais *schlimm* und des Adverbs bien *gut* wird wie folgt gebildet:

	Superlativform
bon	**le/la/les meilleur(e)(s)** *der/die/das beste*
petit	B2 **le/la/les moindre(s)** *der/die/das geringste*
	le/la/les plus petit(e)(s) *der/die/das kleinste*
	(im Sinne von Maß und Größe)
mauvais	B2 **le/la/les pire(s)** *der/die/das schlimmste*
	le/la/les plus mauvais(e)(s) *der/die/das schlechteste*
bien	**le mieux** *am besten*

Die Formen moindre und le/la/les moindre werden vorwiegend in festen Wendungen der gehobenen Sprache verwendet.
Merci beaucoup jeune homme. – Mais c'est **la moindre** des choses madame. *Vielen Dank junger Mann. – Aber das ist doch selbstverständlich.*

Bei der Aussprache von plus bleibt das s vor Konsonanten stumm. Wenn es jedoch vor einem Vokal steht, macht man eine Liaison und das s wird stimmhaft gesprochen. Steht plus am Satzende, so wird das s stimmlos ausgesprochen.
Il est **plus** (stummes s) gentil et **plus** (stimmhaftes s) intéressant que moi mais c'est moi qui travaille le **plus** (stimmloses s).

Auf einen Blick

Das Adjektiv

Adjektive beschreiben Eigenschaften von Substantiven. Sie verändern ihre Form im Femininum und im Plural. Die Femininform wird meist durch Anhängen eines **-e** an das Maskulinum gebildet: un garçon français *ein französischer Junge*, une fille française *ein französisches Mädchen*.

⚡ Vorangestellte Adjektive haben im Maskulinum eine andere Form, wenn das Substantiv mit einem Vokal oder stummen h beginnt: un **beau** parc *ein schöner Park*, un **bel** homme *ein schöner Mann*, un **vieux** bâtiment *ein altes Gebäude*, un **vieil** ami *ein alter Freund*, un **nouveau** livre *ein neues Buch*, un **nouvel** ordinateur *ein neuer Computer*.
Die Pluralbildung erfolgt meist durch Anhängen eines -s: les ports grand**s** *die großen Häfen*, les villes belle**s** *die schönen Städte*.

Angleichung

⚡ Im Französischen wird das Adjektiv nicht nur bei attributivem, sondern auch bei prädikativem Gebrauch angeglichen: C'est une très grand**e** maison. *Das ist ein großes Haus.* (attributiv) – La maison est très grand**e**. *Das Haus ist sehr groß.* (prädikativ)

Stellung

Meistens steht das Adjektiv hinter dem Substantiv, kurze Adjektive jedoch davor: une question **facile** *eine leichte Frage*, une **jolie** femme *eine hübsche Frau*.

⚡ Einige Adjektive haben je nach Stellung eine unterschiedliche Bedeutung: une école **ancienne** *eine alte Schule*, mon **ancienne** école *meine ehemalige Schule*, une **chère** amie *eine liebe Freundin*, une robe **chère** *ein teures Kleid*.

Das Adverb

Adverbien bestimmen Verben, Adjektive, andere Adverbien oder einen ganzen Satz. Sie beschreiben, wie etwas gemacht wird:
C'est un **bon** livre. *Das ist ein **gutes** Buch.* (Adjektiv)
L'auteur écrit **bien**. *Der Autor schreibt **gut**.* (Adverb)
G Die meisten Adverbien werden durch Anhängen der Endung -ment an die feminine Form des Adjektivs gebildet: difficile *schwierig*, difficile**ment**.

Der Vergleich

Der Komparativ

Überlegenheit: Paris est **plus** grand **que** Lyon. *Paris ist **größer** als Lyon.*
Unterlegenheit: Thierry est **moins** fort **que** Pierre. *Thierry ist **weniger** stark/schwächer als Pierre.*
Gleichheit: Catherine est **aussi** intelligente **que** sa sœur. *Catherine ist **genauso** klug wie ihre Schwester.*
Wichtige unregelmäßige Formen: bon – meilleur *gut – besser* (Adjektiv), mauvais – pire, *schlecht – schlechter* und bien – mieux *gut – besser* (Adverb)

Der Superlativ

Überlegenheit: Elle est **la plus** gentille voisine de tous. *Sie ist **die** nett**este** Nachbarin von allen.*
Unterlegenheit: Il court **le moins** vite. *Er läuft **am wenigsten** schnell/am langsamsten.*

6 Das Pronomen A1

6.1 Das Personal- und Adverbialpronomen A1

Formen

Das *Personal*pronomen hat verschiedene Formen, je nach seiner Funktion im Satz. Hier ist eine Übersicht über die Pronomen:

Verbundene Pronomen				
Subjektpronomen	**direktes Objektpronomen**	**indirektes Objektpronomen**	**Reflexivpronomen**	**Adverbialpronomen, neutrales Personalpronomen**
je* *ich*	me*	me*	me*	
tu *du*	te*	te*	te*	
il *er*	le*	lui	se*	
elle *sie*	la*	lui	se*	
nous *wir*	nous	nous	nous	
vous *ihr/Sie*	vous	vous	vous	
ils *sie*	les	leur	se*	
elles *sie*	les	leur	se*	
				y/en, le

Ausnahmen: *Diese Formen werden vor Vokalen oder stummem h apostrophiert.

Unverbundene Pronomen	
betontes Pronomen	B1 **Reflexivpronomen**
moi	
toi	
lui, elle	soi
nous	
vous	
eux, elles	soi

Gebrauch

- Die *Subjekt*pronomen
  Bei der 3. Person Plural wird elles ausschließlich für rein weibliche Personengruppen oder Dinge verwendet. Sobald ein Subjekt im Maskulinum dazu kommt, verwendet man ils.
  Où sont les trois femmes et le garçon ? **Ils** sont à la caisse. *Wo sind die drei Frauen und der Kellner?* ***Sie*** *sind an der Kasse.*

Anders als im Deutschen wird die Höflichkeitsform mit der 2. Person Plural wiedergegeben:
Comment allez-**vous** ? *Wie geht es* ***Ihnen****?*

Das Subjektpronomen il steht auch als Subjekt unpersönlicher Verben:
Il a neigé ce matin. ***Es*** *hat heute früh geschneit.*

Besonders in der gesprochenen Sprache wird oft das Indefinitpronomen on anstelle von nous verwendet:
Ce soir, nous allons/**on** va au restaurant. *Heute Abend gehen* ***wir*** *essen.*

- Die *Objekt*pronomen
  Die *direkten* Objektpronomen stehen bei Verben, die ohne Präposition verwendet werden:
  Tu vois sa maison ? Oui, je **la** vois. *Siehst du sein Haus? Ja, ich sehe* ***es****.*

A2 Steht in einer zusammengesetzten Zeit das direkte Objektpronomen vor dem Hilfsverb avoir, so stimmt das Partizip Perfekt in Geschlecht und Zahl mit dem direkten Objektpronomen überein (▷ 8.2.2):
Où sont mes clés ? Je **les** ai cherché**es** partout.
Wo sind meine Schlüssel? Ich habe sie überall gesucht.

💡 Die *indirekten* Objektpronomen stehen bei Verben mit à-Ergänzungen: **A2**
Tu vas téléphoner **à Luc** ? – Oui, je vais **lui** téléphoner demain. *Wirst du Luc anrufen? – Ja, ich werde **ihn** morgen anrufen.*

- Die *Reflexiv*pronomen (▶ 7.4)
  Die Reflexivpronomen sind Teil der reflexiven Verben und richten sich nach dem Subjekt.
  Comment **vous** appelez-**vous** ? – Diane. *Wie heißen **Sie**? – Diane.*

- Das *neutrale* Personalpronomen le **B2**
  Wie das deutsche *es* verweist das neutrale Pronomen le auf einen Satzteil oder einen ganzen Satz:
  Tu n'aimes pas **le poisson** ? Dis-**le** à Maman.
  *Du magst keinen Fisch? Sag **es** Mama.*

- Das *Adverbial*pronomen y
  Das Adverbialpronomen y vertritt eine Ortsangabe, die mit den Präpositionen à, dans, en, sur, sous usw. eingeleitet wird.
  Ils habitent **en Italie** depuis 3 ans et s'**y** plaisent beaucoup. *Sie wohnen seit 3 Jahren in Italien, und es gefällt ihnen **dort** sehr gut.*

Des Weiteren vertritt y eine Ergänzung mit der Präposition à. **A2**
Tu as pensé **à l'anniversaire de ta mère** ? – Oui, j'**y** ai pensé. *Hast du **an den Geburtstag deiner Mutter** gedacht? – Ja, ich habe **daran** gedacht.*

Für Personenobjekte wird hier das entsprechende betonte Personalpronomen verwendet. **A2**
Vous pensez souvent **à Paul** ? – Oui, je pense souvent **à lui**. *Denken Sie oft **an Paul**? – Ja ich denke oft an **ihn**.*

- Das *Adverbial*pronomen en

  Das Adverbialpronomen en vertritt ein Objekt, das durch den Teilungsartikel oder den unbestimmten Artikel eingeleitet wird.

  Vous avez **du poulet** ? – Désolé, je n'**en** ai plus. *Haben Sie **Hähnchen**? – Tut mir leid, ich habe **keines** mehr.*

  Tu veux **un verre** ? Il y **en** a **un** sur la table. *Möchtest du **ein Glas**? **Eines** steht auf dem Tisch.*

A2 Des Weiteren vertritt en eine Ergänzung mit der Präposition de:

Je m'**en** souviens très bien. (se souvenir + de)

*Ich erinnere mich sehr gut **daran**.*

A2 Für Personenobjekte wird hier in der Regel das entsprechende betonte Personalpronomen verwendet.

Il t'a parlé **de Valérie** ? – Oui, il m'a beaucoup parlé **d'elle**. *Hat er mit dir **über Valérie** gesprochen? – Ja, er hat viel **von ihr** gesprochen.*

- Die *unverbundenen* betonten Personalpronomen

  Sie werden wie folgt verwendet:

  - als Subjekt eines Satzes ohne Verb

    Elle est là. **Lui** aussi. *Sie ist da. **Er** auch.*
  - in Verbindung mit et, ou, ni

    Qui commence ? **Toi** ou **moi** ? *Wer fängt an? **Du** oder **ich**?*
  - nach einer Präposition

    C'est joli **chez toi** ! *Es ist hübsch **bei dir**!*
  - in Vergleichssätzen

    Yann est plus grand que **moi**. *Yann ist größer als **ich**.*
  - nach c'est

    Qui est là ? – C'est **lui**. *Wer ist da? – **Er**.*

- vor dem Subjekt in segmentierten Sätzen
  Eux, ils m'ont toujours tout donné. ***Sie** haben mir immer alles gegeben.*
- in der Konstruktion c'est + Relativsatz zur Hervorhebung A2
  C'est lui qui a téléphoné. ***Er** hat angerufen.*
- in der 1. und 2. Person Singular beim bejahenden Imperativ A2
  Ecoute-**moi** bien ! *Hör **mir** gut zu!*

- Das *unverbundene Reflexiv*pronomen soi B1
  Das unverbundene Reflexivpronomen soi wird mit Bezug auf ein unbestimmtes Subjekt verwendet.
  Chacun est rentré chez **soi**. ***Jeder** ist nach Hause gegangen.*

Stellung

Im Aussagesatz steht das Objektpronomen vor dem Verb bzw. dem Hilfsverb:
Tu **lui** as répondu. *Du hast ihm geantwortet.*

Bei den Modalverben sowie bei dem Verb aller zur Bildung des Futur composé steht das Objektpronomen vor dem Infinitiv: A2
Il peut **nous** ouvrir la porte. *Er kann uns die Tür aufmachen.*
Elle va **leur** présenter son nouveau copain. *Sie wird ihnen ihren neuen Freund vorstellen.*

Beim bejahenden Imperativ steht das mit Bindestrich angeschlossene Objektpronomen nach dem Verb: A2
Donnez-**lui** un kilo de pommes. *Geben Sie ihm ein Kilo Äpfel.*

B1 Gehen dem konjugierten Verb zwei Objektpronomen voran, gilt folgende Reihenfolge:

Subjekt +	1	2	3	4	5			
je	me							
tu	te	le	lui					
il/elle (ne)	se	la	leur	y	en			
						konj. V.	(pas)	PP
nous	nous	les						
vous	vous							
ils/elles	se							

⚡ Die Kombinationen 1 + 3, 3 + 4 und 4 + 5 außer in der Konstruktion il y en a sind nicht möglich!

A1 6.2 Das Possessivpronomen und -adjektiv

ℹ Im Französischen wird zwischen dem Possessiv*adjektiv*, das vor dem Substantiv steht, und dem Possessiv*pronomen*, das ein Substantiv vertritt, unterschieden.

Formen des Possessiv*adjektivs*

Besitzer	Singular m.	f.	Plural m./f.
1. Pers. Sing.	**mon** fils *mein Sohn*	**ma** fille *meine Tochter*	**mes** enfants *meine Kinder*
2. Pers. Sing.	**ton** fils *dein Sohn*	**ta** fille *deine Tochter*	**tes** enfants *deine Kinder*
3. Pers. Sing.	**son** fils *sein/ihr Sohn*	**sa** fille *seine/ihre Tochter*	**ses** enfants *seine/ihre Kinder*

1. Pers. Pl.	**notre** fils *unser Sohn*	**notre** fille *unsere Tochter*	**nos** enfants *unsere Kinder*
2. Pers. Pl.	**votre** fils *euer/Ihr Sohn*	**votre** fille *eure/Ihre Tochter*	**vos** enfants *eure/Ihre Kinder*
3. Pers. Pl.	**leur** fils *ihr Sohn*	**leur** fille *ihre Tochter*	**leurs** enfants *ihre Kinder*

Gebrauch des Possessiv*adjektivs*

Vor Vokalen oder stummem h werden die weiblichen Formen ma, ta, sa zu mon, ton, son:
Ton école est grande. ***Deine*** *Schule ist groß.*

Im Französischen richtet sich das Possessivadjektiv in Geschlecht und Zahl nach dem Substantiv, vor dem es steht: **Il/Elle** a dérangé **son** père. *Er/Sie hat* ***seinen/ihren*** *Vater gestört.*

Das Possessivadjektiv wird im Französischen in vielen festen Wendungen gebraucht wie z. B.: B2
C'est **mon** tour. *Ich bin an der Reihe.*
Prenez **votre** temps ! *Lassen Sie sich Zeit!*
Je prends **mon** petit déjeuner à huit heures. *Ich frühstücke um acht Uhr.*

Formen des Possessiv*pronomens* B1

Besitzer	Singular m.	Singular f.	Plural m.	Plural f.
1. Pers. Sing.	**le mien** *meiner*	**la mienne** *meine*	**les miens** *meine*	**les miennes** *meine*
2. Pers. Sing.	**le tien** *deiner*	**la tienne** *deine*	**les tiens** *deine*	**les tiennes** *deine*
3. Pers. Sing.	**le sien** *seiner*	**la sienne** *ihre*	**les siens** *seine*	**les siennes** *ihre*

Besitzer	Singular m.	f.	Plural m.	f.
1. Pers. Pl.	**le nôtre** *unserer*	**la nôtre** *unsere*	**les nôtres** *unsere*	**les nôtres** *unsere*
2. Pers. Pl.	**le vôtre** *eurer/Ihrer*	**la vôtre** *eure/Ihre*	**les vôtres** *eure/Ihre*	**les vôtres** *eure/Ihre*
3. Pers. Pl.	**le leur** *ihrer*	**la leur** *ihre*	**les leurs** *ihre*	**les leurs** *ihre*

B1 **Gebrauch des Possessiv*pronomens***

Das Possessivpronomen richtet sich in Geschlecht und Zahl nach dem Substantiv, das es vertritt:
La Fiat rouge ? Mais oui, c'est **la sienne**. *Der rote Fiat? Ja doch, es ist **seiner/ihrer**.*

A1 6.3 Das Demonstrativpronomen und -adjektiv

Im Französischen wird zwischen dem Demonstrativ*adjektiv*, das vor einem Substantiv steht, und dem Demonstrativ*pronomen,* das ein Substantiv vertritt, unterschieden.

Formen des Demonstrativ*adjektivs*

Maskulinum Singular	Plural	Femininum Singular	Plural
ce livre *dieses Buch*	**ces** livres	**cette** fleur *diese Blume*	**ces** fleurs
cet enfant *dieses Kind*	**ces** enfants		

Vor Vokalen und stummem h wird die Form cet anstelle von ce verwendet.

Gebrauch des Demonstrativ*adjektivs*

⚡ Außer um auf bestimmte Personen oder Sachen hinzuweisen, kann man das Demonstrativadjektiv auch bei folgenden Wendungen benutzen:

ce matin *heute Morgen*	**cet** après-midi *heute Nachmittag*
ce midi *heute Mittag*	**ce** soir *heute Abend*

A2

Zum Hinweis auf räumliche oder zeitliche Nähe bzw. Entfernung werden die Adverbien -ci *hier* oder -là *da* mit Bindestrich angehängt:

Il fait très chaud **ces** jours-**ci** ! *Es ist zur Zeit sehr warm!*

Ce bateau-**là** est à Vincent. *Das Boot dort gehört Vincent.*

Formen des Demonstrativ*pronomens*

A2

	Singular	Plural
Maskulinum	**celui** *der(jenige)*	**ceux** *die(jenigen)*
	celui-ci *der/dieser hier*	**ceux-ci** *die/diese hier*
	celui-là *der/dieser da*	**ceux-là** *die/diese da*
Femininum	**celle** *die(jenige)*	**celles** *die(jenigen)*
	celle-ci *die/diese hier*	**celles-ci** *die/diese hier*
	celle-là *die/diese da*	**celles-là** *die/diese da*
Neutrale Formen	**ce** *das*	
	cela/ça *das (da)*	
	ceci *das/dies (hier)*	

⚡ Das neutrale Demonstrativpronomen ce wird vor einem Vokal zu c'.

Gebrauch des Demonstrativ*pronomens*

A2

- Die *einfachen* Formen:
  Nach den einfachen Formen des Demonstrativpronomens steht meist die Präposition de oder ein Relativpronomen.

Je n'ai plus de vélo alors je prends **celui de** Christian. *Ich habe kein Fahrrad mehr, also nehme ich* ***das von*** *Christian.*
La robe noire est **celle que** je préfère. *Das schwarze Kleid gefällt mir besser.*

- Die *zusammengesetzten* Formen:
  Die zusammengesetzten Formen mit -ci *hier* und -là *da* sind nur möglich, wenn das Demonstrativpronomen ohne Ergänzung steht.
  Voici vos cadeaux : **celui-ci** est pour toi et **celui-là** pour Anaïs. *Hier sind eure Geschenke:* ***dieses*** *hier ist für dich und* ***dieses*** *da ist für Anaïs.*

A1
- Die *neutralen* Formen:
  ce steht als neutrales Subjekt von être:
  Toute la famille est là ? **C'est** super ! *Ist die ganze Familie da?* ***Das ist*** *super!*

B1 Wird ce in Verbindung mit einem Relativpronomen verwendet, verweist es auf einen vorangehenden Satz oder es steht als neutrales Pronomen.
La maison a une cave, **ce qui** est très pratique. *Das Haus hat einen Keller,* ***was*** *sehr praktisch ist.*
Prends **ce que** tu préfères. *Nimm* ***(das,) was*** *du lieber hast.*

A1 Cela – in der Umgangssprache ça – steht als neutrales Subjekt, außer vor être.
Cela/Ça nous a beaucoup plu. ***Es*** *hat uns sehr gut gefallen.*
Comment **ça** va ? *Wie geht's?*
Ça suffit ! *Jetzt reicht's!*

6.4 Das Relativpronomen

A2

Das Relativpronomen verbindet zwei Sätze. Es ist im Französischen unveränderlich, hat aber je nach seiner Funktion im Satz verschiedene Formen.

Im Französischen steht im Gegensatz zum Deutschen kein Komma vor dem Relativpronomen.

Formen und Gebrauch

- qui: A1
  qui als Subjekt bezieht sich auf Personen und Sachen.
  C'est son mari **qui** a préparé le repas. *Ihr Mann hat das Essen zubereitet.*
  Tu me donnes la lettre **qui** est sur la table ? *Gibst du mir den Brief,* ***der*** *auf dem Tisch liegt?*

  Präposition + qui: qui ist Objekt und bezieht sich auf Personen: B1
  C'est un ami **à qui** on peut tout dire. *Es ist ein Freund,* ***dem*** *man alles sagen kann.*

- que:
  que ist direktes Objekt und bezieht sich auf Personen und Sachen.
  C'est le journaliste **que** nous avons vu à la télé. *Das ist der Journalist,* ***den*** *wir im Fernsehen gesehen haben.*
  Je n'ai pas encore lu le livre **qu'**il m'a prêté. *Ich habe das Buch noch nicht gelesen,* ***das*** *er mir geliehen hat.*

  Vor Vokalen oder stummem h wird que zu qu'.

- quoi: B1
  quoi steht nach einer Präposition als Objekt. Es bezieht sich ausschließlich auf Sachen.

Elle a pris un taxi, sans quoi elle serait arrivée en retard. *Sie hat ein Taxi genommen, (wörtlich:* ***ohne das****) sonst wäre sie zu spät gekommen.*

B1

- dont:

dont vertritt eine Ergänzung mit de. Es bezieht sich auf Personen und Sachen.

C'est un restaurant **dont** je connais le menu. (Je connais le menu de ce restaurant.) *Dies ist ein Restaurant,* ***dessen*** *Speisekarte ich kenne. (Ich kenne die Speisekarte dieses Restaurants.)*

- où:

où bezieht sich im Französischen auf Orts- und Zeitangaben.

Le quartier **où** il habite est agréable. *Das Viertel,* ***wo*** *er wohnt, ist angenehm.*

Il est arrivé au moment **où** nous dînions. *Er ist angekommen,* ***als*** *wir gerade zu Abend aßen.*

B1

Das Relativpronomen où kann mit den Präpositionen de und par benutzt werden.

Je connais bien le pays **d'où** vous venez. *Ich kenne das Land gut,* ***aus dem*** *Sie kommen.*

Il m'a dit **par où** passer. *Er hat mir gesagt,* ***wo*** *man entlang fahren muss.*

B1

- lequel:

lequel bezieht sich auf Personen und Sachen und ist veränderlich in Geschlecht und Zahl. Es wird meist mit einer Präposition verwendet. Durch die Verschmelzung mit den Präpositionen à und de ergeben sich folgende Formen:

	m.	f.	m. Plural	f. Plural
Präposition +	lequel	laquelle	lesquels	lesquelles
à	**au**quel	**à** laquelle	**aux**quels	**aux**quelles
de	**du**quel	**de** laquelle	**des**quels	**des**quelles

Ce sont les jeunes **auxquels** j'ai donné conseil. *Das sind die Jugendlichen, **denen** ich einen Ratschlag gegeben habe.*
J'aime beaucoup les personnes **avec lesquelles** je travaille. *Ich mag die Personen sehr, **mit denen** ich arbeite.*

6.5 Das Indefinitpronomen und -adjektiv

A1

ℹ Im Französischen wird zwischen dem Indefinit*adjektiv*, das vor dem Substantiv steht, und dem Indefinit*pronomen*, das ein Substantiv vertritt, unterschieden. Manche Indefinitpronomen erfüllen jedoch beide Funktionen.

Formen

• Indefinit*adjektive* sind z. B.:

quelque(s) *einige, ein paar*	Il y a **quelques** nuages.	*Es gibt ein paar Wolken.*
A2 chaque *jeder*	**Chaque** table était décorée.	*Jeder Tisch war dekoriert.*
B2 n'importe quel(le) *jeder beliebige*	à **n'importe quelle** heure	*zu jeder Zeit*
divers(es), différent(e)s *verschiedene*	**différents/divers** fromages	*verschiedene Käsesorten*

- Indefinit*pronomen* sind z. B.:

on *man*	**On** y va ?	*Gehen **wir**?*
quelqu'un *jemand*	**Quelqu'un** a téléphoné.	***Jemand** hat angerufen.*
quelque chose *etwas*	Je vois **quelque chose.**	*Ich sehe **etwas.***
rien *nichts*	Il n'a **rien** dit.	*Er hat **nichts*** gesagt.
A2 personne *niemand*	**Personne** ne m'aime.	***Niemand** liebt mich.*
A2 chacun(e) *jeder*	**Chacun** apporte une salade.	***Jeder** bringt einen Salat mit.*

B1 • Gleichzeitig Indefinit*adjektiv* (1) und Indefinit*pronomen* (2) sind z. B.:

plusieurs *mehrere*	Il a sonné **plusieurs** fois. (1)	*Er hat **mehrmals** geklingelt.*
	Ses amis ? **Plusieurs** sont déjà partis. (2)	*Seine Freunde? **Mehrere** sind schon weg.*
certain(e)s *manche, gewisse*	**Certaines** plantes sentent bon. (1)	***Manche** Pflanzen duften.*
	« **Certains** l'aiment chaud. » (2)	*„**Manche** mögen's heiß …“*
aucun(e) *keiner*	**Aucun** problème ! (1)	***Kein** Problem!*
	Tu as pris tes affaires ? – Non, **aucune.** (2)	*Hast du deine Sachen genommen? Nein, **nichts.***
tout(e)(s), tous *ganz/alle(s)*	Il a dansé **toute** la nuit. (1)	*Er hat die **ganze** Nacht getanzt.*
	Tout va bien. (2)	*Es ist **alles** in Ordnung.*

6.6 Das Interrogativpronomen- und adjektiv

A1

Das Interrogativ*pronomen* hat die gleiche Form wie das Relativpronomen qui, que, quoi, lequel.

- qui:
  Mit dem Interrogativpronomen qui wird nach Personen gefragt.
  Qui est là ? ***Wer*** *ist da?*

- que, quoi:
  Mit dem Interrogativpronomen que und quoi + Präposition wird nach Sachen gefragt.
  Qu'est-ce que vous voulez ? ***Was*** *wollen Sie?*
  De quoi tu parles ? ***Worüber*** *sprichst du?*

- lequel:
  Das Interrogativpronomen lequel bezieht sich auf Personen und Sachen und ist veränderlich in Geschlecht und Zahl.
  Et si nous achetions des fleurs ? **Lesquelles** préfères-tu ? *Und wenn wir Blumen kaufen?* ***Welche*** *hast du am liebsten?*

Das Interrogativ*adjektiv* quel ist veränderlich und richtet sich in Genus und Numerus nach dem Substantiv, das es begleitet.

	Singular	Plural
Maskulinum	quel	quels
Femininum	quelle	quelles

Quelle heure est-il ? ***Wie*** *spät ist es?*
Quels sont tes livres préférés ? ***Welche*** *sind deine Lieblingsbücher?*

Auf einen Blick

Das Pronomen

Das Personal- und Adverbialpronomen

Personalpronomen können als Subjekt, direktes Objekt und indirektes Objekt auftreten:
Je mange une poire. *Ich esse eine Birne.* (Subjekt) Ils ne **te** connaissent pas. *Sie kennen **dich** nicht.* (direktes Objekt) Je **lui** écrit une lettre. *Ich schreibe **ihr/ihm** einen Brief.* (indirektes Objekt)

Das Possessivpronomen und -adjektiv

Das Possessivadjektiv begleitet ein Substantiv: **mon** livre *mein Buch*, **ma** montre ***meine** Uhr*. Das Possessivpronomen ersetzt ein Substantiv: Ces livres, ce sont **les miens.** *Diese Bücher, es sind **meine**.*

Das Demonstrativpronomen und -adjektiv

Das Demonstrativadjektiv begleitet ein Substantiv: **cette** maison ***dieses** Haus*. Das Demonstrativpronomen ersetzt das Substantiv: Ces livres, ce sont **ceux** de Nicole. *Diese Bücher, das sind **die** von Nicole.* Zusammengesetzte Demonstrativpronomen stehen alleine, ohne Präposition oder Relativsatz. Quel est ton vélo ? – **Celui-ci**. *Welches ist dein Fahrrad? – **Dieses** hier.*

Das Relativpronomen

Relativpronomen stehen in Nebensätzen und beziehen sich auf Substantive, die Gegenstand des Hauptsatzes sind:

- qui ist meist Subjekt: La femme **qui** est venu nous voir hier, est ma tante. *Die Frau, **die** uns gestern besucht hat, ist meine Tante.* C'est un livre **qui** me plaît beaucoup. *Dies ist ein Buch, **das** mir sehr gefällt.*

Qui ist Objekt, wenn es sich auf eine Person bezieht und mit einer Präposition steht: Le jeune homme **avec qui** ma fille a sorti, est très gentil. *Der junge Mann, **mit dem** meine Tochter ausgegangen ist, ist sehr nett.*

- que ist Objekt: L'homme **que** tu m'as présenté est très sympa. *Der Mann, **den** du mir vorgestellt hast, ist sehr sympathisch.*
- quoi ist Objekt mit einer Präposition. Es bezieht sich auf Sachen: Je ne sais pas **de quoi** il parle. *Ich weiß nicht, **wovon** er spricht.*
- dont steht für eine Ergänzung mit de: C'est la femme **dont** j'ai oublié le nom. *Das ist die Frau, **deren** Namen ich vergessen habe.* Mit de angeschlossene Ortsangaben werden durch où ersetzt: La ville **d'où** je viens est très belle. *Die Stadt, **aus der** ich komme, ist sehr schön.*
- Lequel kann mit de und à verschmelzen: Le voyage **auquel** nous avons participé était horrible. *Die Reise, **an der** wir teilgenommen haben, war furchtbar.*

Das Indefinitpronomen und -adjektiv

Diese bezeichnen nicht näher bestimmte Personen und Dinge: **Chaque** individu a sa propre opinion. ***Jedes** Individuum hat seine eigene Meinung.* Y a-t-il **quelqu**'un qui parle allemand ? *Spricht hier **jemand** Deutsch?*

Das Interrogativpronomen und -adjektiv

Interrogativpronomen: **Qui** est-ce qui est venu ? ***Wer** ist gekommen?* **Qui** est-ce que tu as vu ? ***Wen** hast du gesehen?* **Qu**'est-ce qui te déplaît ? ***Was** stört dich?* **À quoi** pense-tu ? ***Woran** denkst du?* Regarde ces fleurs ! **Lesquelles** te plaisent ? *Schau mal, die Blumen! **Welche** gefallen dir?*

Interrogativadjektiv: **Quelle** jupe as-tu choisie ? ***Welchen** Rock hast du ausgesucht?*

A1

7 Das Verb

Wie im Deutschen verändert sich das französische Verb in Person (im Partizip Perfekt teilweise auch in Genus) und Numerus (Singular, Plural) sowie in Modus, Tempus und Verhaltensrichtung (Aktiv, Passiv).

A1

7.1 Die Konjugationen

Die französischen Verben werden nach ihrer Infinitivendung in drei Konjugationsgruppen eingeteilt.

- Verben der 1. Gruppe:
  Die 1. Gruppe umfasst die Verben auf -er, außer aller *gehen*, das zur 3. Gruppe gehört. Diese regelmäßigen Verben bilden die 1. Person Singular Indikativ Präsens auf -e und das Partizip Perfekt auf -é.

parler, je parle, j'ai parlé *sprechen*

Verben auf -cer verwandeln vor a, o und u das c in ç.

commencer, nous commençons *beginnen*

Verben auf -ger bekommen vor a und o ein -e.

manger, nous mangeons *essen*

Manche Verben auf -eler und -eter verdoppeln vor stummem e das l bzw. das t. Andere Verben auf -eler und -eter verwandeln dagegen dieses e in è vor einer Silbe mit stummem e.

appeler, j'appelle *rufen*
B1 **jeter, je jette** *werfen*
B1 **geler, il gèle** *frieren*
acheter, j'achète *kaufen*

A2

◐ Verben mit einem e bzw. einem é in der vorletzten Silbe (außer Verben auf -éer) verwandeln vor einer Silbe mit stummem e das e bzw. é zu è.

préférer, je préf**è**re *vorziehen*
se lever, je me l**è**ve *aufstehen*

◐ Verben auf -oyer und -uyer verwandeln vor stummem e das y in ein i (bei den Verben auf -ayer ist die Schreibweise mit y oder i möglich).

payer, il pa**i**e/il pa**y**e *bezahlen*
A2 nettoyer, il netto**i**e *reinigen*
B2 s'ennuyer, il s'ennu**i**e *sich langweilen*

- Verben der 2. Gruppe:
  Die 2. Gruppe umfasst die regelmäßigen Verben auf -ir mit Stammerweiterung im Plural, die in der 1. Person Singular Indikativ Präsens auf -is und im Partizip Präsens auf -issant enden.

finir, je fin**is**, fin**issant** *beenden*

- Verben der 3. Gruppe:
  Die 3. Gruppe umfasst alle übrigen Verben, die meist unregelmäßig sind: das Verb aller *gehen*, die übrigen Verben auf -ir, die Verben auf -oir und die Verben auf -re.
  ◐ Verben auf -indre und -soudre behalten das -d nur vor dem -r.

A2 éteindre, il éteint, il étein**d**ra *ausmachen*
B2 résoudre, il résout, il résou**d**ra *lösen*

◐ Verben auf -aître und -oître behalten ihren *accent circonflexe* nur vor einem t.

connaître, tu connais, il conna**î**t *kennen*

A1 7.2 Die Verben avoir und être

ℹ Wie im Deutschen werden im Französischen être *sein* und avoir *haben* auch als Hilfsverb zur Bildung der zusammengesetzten Zeiten verwendet.

- Mit avoir gebildete Verben in den zusammengesetzten Zeiten sind:
  - alle transitiven Verben
    Il **a pris** une soupe aux légumes. *Er hat eine Gemüsesuppe genommen.*
  - die meisten intransitiven Verben
    Anne **a** beaucoup **lu** pendant les vacances. *Anne hat viel gelesen in den Ferien.*
  - ⚡ im Gegensatz zum Deutschen die Verben A2 marcher *zu Fuß gehen* und A2 rouler *fahren* sowie die Verben B1 courir *rennen* und B1 nager *schwimmen*
    A2 Elle **a marché** jusqu'ici. *Sie ist bis hierhin zu Fuß gegangen.* B1 Il **a couru** comme un fou. *Er ist wie blöd gelaufen.*
  - die unpersönlichen Verben
    Il **a neigé**. *Es hat geschneit.*
  - être und avoir
    J'**ai été** malade. *Ich war krank.*
    J'**ai eu** mal à la tête. *Ich hatte Kopfschmerzen.*

- Mit être gebildete Verben in den zusammengesetzten Zeiten sind:
  - alle reflexiven Verben
    Il **s'est lavé**. *Er hat sich gewaschen.*
  - einige intransitive Verben, die eine Bewegung oder einen veränderten Zustand kennzeichnen
    Nous **sommes allés** au cinéma. *Wir sind ins Kino gegangen.*

B1 Sylvie **est devenue** prof. *Sylvie ist Lehrerin geworden.*

- transitive Verben zur Bildung des Passivs A2
  Ces voitures **sont importées** par une grande entreprise. *Diese Autos werden von einem großen Unternehmen importiert.*

Manche Verben werden transitiv mit avoir und intransitiv mit être verwendet.
Ils **ont passé** trois semaines à Nice. *Sie haben drei Wochen in Nizza verbracht.*
Elle **est passée** au bureau. *Sie ist im Büro vorbeigekommen.*

7.3 Das Modal- und Hilfsverb A1

*Modal*verben stehen vor dem Infinitiv eines Verbs und bringen zum Ausdruck, ob eine Handlung gekonnt, möglich oder notwendig ist.

devoir *müssen*	Il **doit** téléphoner à son patron. *Er **muss** mit seinem Chef telefonieren.*
pouvoir *können*	Je ne **peux** plus manger. *Ich **kann** nicht mehr essen.*
vouloir *wollen*	Nous **voulons** regarder la télé. *Wir **wollen** fernsehen.*
A2 faire *machen/lassen*	Elle **a fait** réparer sa voiture. *Sie hat ihr Auto reparieren **lassen**.*
A2 savoir *wissen/können*	Les enfants **savent** nager. *Die Kinder **können** schwimmen.*
B1 falloir *müssen*	Pour y aller, il **faut** prendre la A6. *Um da hinzukommen, **muss** man die A6 nehmen.*

Die Verben avoir, être und aller werden bei der Bildung zusammengesetzter Zeiten als *Hilfs*verben gebraucht. (▶ 7.2)

avoir	**J'ai vu** ma soeur en ville. *Ich **habe** meine Schwester in der Stadt **gesehen**.*
être	Nous **sommes allés** au musée. *Wir **sind** ins Museum **gegangen**.*
aller	Vous **allez** les **rencontrer** demain. *Ihr **werdet** Sie morgen **treffen**.*

A1

7.4 Das reflexive Verb

Reflexive Verben werden mithilfe der Reflexivpronomen gebildet.

- einfache Zeiten:
- zusammengesetzte Zeiten:

se laver *sich waschen*	**s'asseoir** *sich setzen*
je **me** lave	je **me** suis assis(e)
tu **te** laves	tu **t'**es assis(e)
il/elle **se** lave	il/elle **s'**est assis(e)
nous **nous** lavons	nous **nous** sommes assis(es)
vous **vous** lavez	vous **vous** êtes assis(es)
ils/elles **se** lavent	ils/elles **se** sont assis(es)

In den einfachen Zeiten steht das verbundene Reflexivpronomen im Französischen zwischen dem Subjekt und dem konjugierten Verb.

In den zusammengesetzten Zeiten steht das verbundene Reflexivpronomen im Französischen zwischen dem Subjekt und dem Hilfsverb être *sein*.

B2 Manche Verben werden im Französischen im Gegensatz zum Deutschen nur reflexiv verwendet wie z. B. s'enfuir *fliehen*, s'évanouir *ohnmächtig* werden.

7.5 Das unpersönliche Verb

A1

Unpersönliche Verben werden nur in der 3. Person Singular mit dem neutralen Pronomen il als Subjekt verwendet.

- Verben der Wetterangabe:
  Il a neigé toute la journée. *Es hat den ganzen Tag geschneit.*
  Mit dem Verb faire werden auch unpersönliche Wendungen zur Bezeichnung der Witterung gebildet.
  Il fait froid. *Es ist kalt.*

- weitere unpersönliche Verben und Wendungen:

il y a	**Il y a** quelqu'un ? *Ist da jemand?*
B1 il faut + Infinitiv	**Il faut réserver** la veille. *Man muss einen Tag vorher reservieren.*
B1 il faut que + Subjonctif	**Il faut que** vous **réserviez** la veille. *Sie müssen einen Tag vorher reservieren.*
il est + Zeitangabe	**Il est** quelle heure ? *Wie viel Uhr ist es?*

Vielen deutschen unpersönlichen Wendungen entsprechen im Französischen persönliche Wendungen:

deutsche unpersönliche Wendungen	entspr. französische persönliche Wendungen
Mir ist kalt/warm.	J'ai froid/chaud.
Es geht ihr gut/schlecht.	Elle va bien/mal.
Es freut mich.	A2 Je suis content.
Es fehlt uns an Platz.	A2 Nous manquons de place.
Es klingelt an der Tür.	A2 On sonne à la porte.

Auf einen Blick

Das Verb

Die Konjugationen

Die Verben werden im Französischen in drei Konjungationsgruppen eingeteilt:

- 1. Gruppe: Infinitivendung auf -er, außer dem Verb aller
- 2. Gruppe: Infinitivendung auf -ir, mit Stammerweiterung
- 3. Gruppe: alle übrigen, größtenteils unregelmäßigen Verben

Die Verben avoir und être

Als Hilfsverben dienen avoir und être zur Bildung der zusammengesetzten Zeiten.
Mit avoir:

- transitive bzw. transitiv gebrauchte Verben mit Objekt: J'**ai** écrit une lettre. *Ich **habe** einen Brief geschrieben.*
- die meisten intransitiven Verben: J'**ai** bien dormi. *Ich **habe** gut geschlafen.*
- Bewegungsverben: Il **a** nagé. *Er **ist** geschwommen.*

Mit être:

- reflexive und reflexiv gebrauchte Verben: Je me **suis** couché tôt. *Ich **bin** früh schlafen gegangen.*
- intransitive Verben, die eine Bewegungsrichtung und ein Verweilen ausdrücken: Nous ne **sommes** pas partis en vacances, nous **sommes** restés chez nous. *Wir **sind** nicht in Urlaub gefahren, wir **sind** zu Hause geblieben.*
- die Verben déceder und mourir *sterben*, devenir *werden* und naître *geboren werden*: Elle **est** née à Marseille. *Sie **ist** in Marseille geboren.*
- Verben im Passiv: Le vin **est** offert par la maison. *Der Wein **wird** vom Haus angeboten.*

Als Vollverben bilden avoir und être die zusammengesetzten Zeiten mit avoir: Vous **avez** eu beaucoup de chance. *Ihr **habt** viel Glück gehabt.* Il **a** été très malade. *Er **ist** sehr krank gewesen.*

Das Modal- und Hilfsverb

Neben avoir und être kann auch aller *gehen* Hilfsverb sein. Es hilft bei der Bildung des Futur composé.
Modalverben drücken aus, ob eine Handlung möglich, nötig oder gewünscht ist: Elle **veut** aller au cinéma. *Sie **will** ins Kino gehen.* Tu **peux** m'aider ? ***Kannst** du mir helfen?*

Das reflexive Verb

Reflexive Verben brauchen ein Reflexivpronomen, das dieselbe Person oder Sache bezeichnet wie das Subjekt: Comment **tu t'**appelles ? **Je m'**appelle Nathalie. *Wie heißt du? Ich heiße Nathalie.*
Einige Verben, die im Französischen reflexiv sind, sind es im Deutschen nicht und umgekehrt!

Das unpersönliche Verb

Unpersönliche Verben werden meist durch il eingeleitet, dies entspricht dem unpersönlichen „*es*" im Deutschen. Sie stehen immer in der 3. Person Singular: **Il est** temps. *Es ist Zeit.*
Unpersönliche Verben werden im Französischen nicht so häufig verwendet wie im Deutschen.

A1

8 Der Indikativ

Mit dem Modus Indikativ werden Tatsachen in der Gegenwart (Präsens), in der Vergangenheit (Imparfait, Passé composé, Plus-que-parfait, Passé simple, Passé récent) oder in der Zukunft (Futur simple, Futur composé, Futur antérieur) geschildert.

A1

8.1 Das Präsens

Eine sich in der Gegenwart vollziehende Handlung wird durch die Formen des Präsens wiedergegeben.

Formen

Das französische Präsens wird durch Anhängen bestimmter Endungen an den Verbstamm der jeweiligen Verbgruppe gebildet.

Die Verben der 1. Gruppe bilden das Präsens wie folgt:

Endungen	**parl-er** *sprechen*
-e	je parl**e**
-es	tu parl**es**
-e	il/elle parl**e**
-ons	nous parl**ons**
-ez	vous parl**ez**
-ent	ils/elles parl**ent**

Die Verben der 2. Gruppe bilden das Präsens wie folgt:

Endungen	**fin-ir** *beenden*
-s	je fini**s**
-s	tu fini**s**
-t	il/elle fini**t**
-ons	nous finiss**ons**
-ez	vous finiss**ez**
-ent	ils/elles finiss**ent**

Bei den Verben der 3. Gruppe liegt sehr häufig eine Stammveränderung vor, auf die Sie bei der Bildung der verschiedenen Zeitformen besonders achten sollten.

Die Verben der 3. Gruppe bilden das Präsens wie folgt:

Endungen	**ven-ir** *kommen*/ **entend-re** *hören*	Endungen	**ouvr-ir** *öffnen*
-s	je **viens**/entend**s**	**-e**	j'ouvr**e**
-s	tu **viens**/entend**s**	**-es**	tu ouvr**es**
-t/d	il/elle **vient**/entend*	**-e**	il/elle ouvr**e**
-ons	nous ven**ons**/ entend**ons**	**-ons**	nous ouvr**ons**
-ez	vous ven**ez**/ entend**ez**	**-ez**	vous ouvr**ez**
-ent	ils/elles **viennent**/ entend**ent**	**-ent**	ils/elles ouvr**ent**

Die Verben auf -endre, -andre, -ondre, -erdre und -ordre erhalten in der 3. Pers. Singular die Endung -d.*

Endungen	**pouv-oir** *können, dürfen*
-x	je **peux**
-x	tu **peux**
-t	il/elle **peut**
-ons	nous pouv**ons**
-ez	vous pouv**ez**
-ent	ils/elles **peuvent**

Das Präsens von avoir und être wird wie folgt gebildet:

avoir *haben*	**être** *sein*
j'**ai**	je **suis**
tu **as**	tu **es**
il/elle **a**	il/elle **est**
nous **avons**	nous **sommes**
vous **avez**	vous **êtes**
ils/elles **ont**	ils/elles **sont**

Gebrauch
Wie im Deutschen beschreibt das Präsens ein Geschehen, das gleichzeitig zum Sprechzeitpunkt abläuft.
Delphine **prépare** une salade pour ce soir. *Delphine **macht** einen Salat für heute Abend.*

Es drückt auch eine Gewohnheit oder eine allgemeine Wahrheit aus.
Nous **mangeons** du poisson deux fois par semaine. Et vous ? *Wir **essen** zweimal pro Woche Fisch. Und Sie?*
La santé **est** plus importante que l'argent. *Die Gesundheit **ist** wichtiger als Geld.*

Auch die nahe Zukunft wird durch das Präsens vermittelt.
Son voisin **part** demain. *Sein Nachbar **fährt** morgen ab.*

Es signalisiert ferner, dass eine Bedingung noch nicht erfüllt ist. Das Präsens steht dann im Nebensatz nach der Konjunktion si *wenn* und im Hauptsatz steht das Futur I.
Si j'**ai** le temps, je t'**écrirai** une carte postale. ***Wenn** ich Zeit **habe, schreibe** ich dir eine Postkarte.*

ⓘ Im Französischen gibt es eine eigene Form des Präsens, das Présent progressif, um hervorzuheben, dass eine Handlung *gerade* passiert. Sie wird gebildet mit être en train de + Infinitiv.
Delphine **est en train de préparer** une salade pour ce soir. *Delphine **macht gerade** einen Salat für heute Abend.*

A1 8.2 Die Vergangenheit

A1 8.2.1 Das Imparfait

Das französische Imparfait ist die Zeit der Hintergrundinformation und der Schilderung zeitlich nicht bestimmter Handlungen und Zustände in der Vergangenheit.

Formen

Das Imparfait wird mit dem Verbstamm der 1. Person Plural Indikativ Präsens + Endung des Imparfait gebildet.

Die Verben avoir und être weichen von diesem System etwas ab, haben aber regelmäßige Endungen.

Endungen	**prendre** *nehmen* nous pren-ons	**avoir** *haben*	**être** *sein*
-ais	je pren**ais**	j'av**ais**	j'ét**ais**
-ais	tu pren**ais**	tu av**ais**	tu ét**ais**
-ait	il/elle pren**ait**	il/elle av**ait**	il/elle ét**ait**
-ions	nous pren**ions**	nous av**ions**	nous ét**ions**
-iez	vous pren**iez**	vous av**iez**	vous ét**iez**
-aient	ils/elles pren**aient**	ils/elles av**aient**	ils/elles ét**aient**

Achten Sie darauf, dass bei Verben auf -ger das zusätzliche -e nur vor a und o beigefügt wird. Also fällt das -e weg bei der Bildung der 1. und 2. Pers. Pl. des Imparfait: nous mangions, vous mangiez. Das gleiche gilt für Verben auf -cer: il commençait, aber nous commencions.

Gebrauch

Das Imparfait steht zur Schilderung zeitlich unbegrenzter Zustände und Handlungen in der Vergangenheit.

Il **faisait** très beau et les enfants **jouaient** sur la plage.
*Das Wetter **war** sehr schön und die Kinder **spielten** am Strand.*

Abgeschlossene Handlungen, die in diesen Hintergrund eingebettet sind, werden mit dem Passé composé ausgedrückt.

Les enfants **jouaient** dans l'eau quand le temps **a changé**. *Die Kinder **spielten** im Wasser, als sich das Wetter **änderte**.*

Es drückt auch eine Gewohnheit in der Vergangenheit aus. Quand ils **habitaient** à Paris, ils **partaient** tous les week-ends. *Als sie in Paris* ***wohnten, fuhren*** *sie jedes Wochenende weg.*

A2 Des Weiteren signalisiert es eine bisher noch nicht erfüllte Bedingung. Das Imparfait steht dann im Nebensatz nach der Konjunktion **si** *wenn* und im Hauptsatz steht der Konditional I.
Si tu **lisais** les journaux, tu **saurais** ce qui se passe. *Wenn du die Zeitung* ***lesen würdest, wüsstest*** *du, was los ist.*

A1 8.2.2 Das Passé composé

Mithilfe des Passé composé werden vollendete, abgeschlossene Handlungen und Zustände der Vergangenheit ausgedrückt.

Formen

Das französische Passé composé wird wie das deutsche Perfekt gebildet: Präsens der Hilfsverben avoir *haben* oder être *sein* + Partizip Perfekt (PP).

chanter *singen* Hilfsverb avoir + PP (= chanté)	**venir** *kommen* Hilfsverb être + PP (= venu)
j'**ai chanté**	je **suis venu(e)**
tu **as chanté**	tu **es venu(e)**
il/elle **a chanté**	il/elle **est venu(e)**
nous **avons chanté**	nous **sommes venu(e)s**
vous **avez chanté**	vous **êtes venu(e)s**
ils/elles **ont chanté**	ils/elles **sont venu(e)s**

Prägen Sie sich gut ein, mit welchem Hilfsverb man das Passé composé eines Verbs bildet, da es hier oftmals Abweichungen vom Deutschen gibt (▷ 7.2).

Das Passé composé von avoir und être wird mit dem Hilfsverb avoir gebildet.

avoir *haben* Hilfsverb avoir + PP (= eu)	**être** *sein* Hilfsverb avoir + PP (= été)
j'**ai eu**	j'**ai été**
tu **as eu**	tu **as été**
il/elle **a eu**	il/elle **a été**
nous **avons eu**	nous **avons été**
vous **avez eu**	vous **avez été**
ils/elles **ont eu**	ils/elles **ont été**

Gebrauch

Das Passé composé wird meist mit einer Zeitbestimmung verwendet und beschreibt eine zwar zurückliegende, abgeschlossene Handlung, die aber noch bis in die Gegenwart wirkt.

Ils **ont** beaucoup **travaillé** et maintenant ils **sont fatigués**. *Sie **haben** viel **gearbeitet** und jetzt **sind** sie **müde**.*

Es drückt auch aufeinanderfolgende abgeschlossene Handlungen aus.

David **est rentré** à 18 heures. Il **est allé** faire du sport, après il **a pris** une douche et il **a préparé** son dîner. *David **ist** um 18 Uhr **nach Hause gekommen**. Er **hat** Sport **gemacht**, danach **hat er** sich **geduscht** und **hat** sein Abendessen **vorbereitet**.*

Ferner drückt das Passé composé oft anstelle des Passé simple ein weit zurückliegendes Ereignis aus.

Samuel de Champlain **est arrivé** à Québec en 1608. *Samuel de Champlain **kam** 1608 in Quebec an.*

A2

8.2.3. Das Plus-que-parfait

Das französische Plusquamperfekt gibt, wie im Deutschen, die Vorvergangenheit wieder.

Formen

Das Plus-que-parfait wird mit dem Imparfait der Hilfsverben avoir *haben* oder être *sein* + Partizip Perfekt (PP) gebildet.

travailler *arbeiten* Hilfsverb avoir + PP (= travaillé)	**aller** *gehen* Hilfsverb être + PP (= allé)
j'**avais travaillé**	j'**étais allé(e)**
tu **avais travaillé**	tu **étais allé(e)**
il/elle **avait travaillé**	il/elle **était allé(e)**
nous **avions travaillé**	nous **étions allé(e)s**
vous **aviez travaillé**	vous **étiez allé(e)s**
ils/elles **avaient travaillé**	ils/elles **étaient allé(e)s**

Sie sollten sich gut einprägen, mit welchem Hilfsverb man das Plus-que-parfait eines Verbs bildet, da es hier oftmals Abweichungen vom Deutschen gibt (▷ 7.2).

Das Plus-que-parfait von avoir und être wird mit dem Hilfsverb avoir gebildet.

avoir *haben* Hilfsverb avoir + PP (= eu)	**être** *sein* Hilfsverb avoir + PP (= été)
j'**avais eu**	j'**avais été**
tu **avais eu**	tu **avais été**
il/elle **avait eu**	il/elle **avait été**
nous **avions eu**	nous **avions été**
vous **aviez eu**	vous **aviez été**
ils/elles **avaient eu**	ils/elles **avaient été**

Gebrauch

Wie im Deutschen drückt das Plus-que-parfait aus, dass eine Handlung der Vergangenheit vor einer anderen stattgefunden hat.

Alice a raconté/raconta qu'elle **avait vécu** au Canada.
Alice hat erzählt/erzählte, dass sie in Kanada ***gelebt hatte.***

Es steht auch zum Ausdruck einer nicht mehr erfüllbaren Bedingung: Das Plus-que-parfait steht dann im Nebensatz nach der Konjunktion si *wenn* und im Hauptsatz steht der Konditional II. B1

Si cette mesure **avait été** prise à temps, on **aurait pu** éviter beaucoup de chômage. ***Wäre*** *diese Maßnahme rechtzeitig* ***getroffen worden, hätte*** *man viel Arbeitslosigkeit vermeiden* ***können.***

8.2.4 Das Passé simple B1

Das Passé simple erfüllt zwar die gleichen Funktionen wie das Passé composé, hat aber keinen Bezug zur Gegenwart.

Daher tritt insbesondere in der gesprochenen Sprache das Passé composé oft an die Stelle des Passé simple.

Formen

Die Verben der 1. und 2. Gruppe bilden das Passé simple wie folgt:

Endungen	**jou-er** *spielen*
-ai	je jou**ai**
-as	tu jou**as**
-a	il/elle jou**a**
-âmes	nous jou**âmes**
-âtes	vous jou**âtes**
-èrent	ils/elles jou**èrent**

Endungen	**fin-ir** *beenden*
-is	je fin**is**
-is	tu fin**is**
-it	il/elle fin**it**
-îmes	nous fin**îmes**
-îtes	vous fin**îtes**
-irent	ils/elles fin**irent**

Die Verben der 3. Gruppe bilden das Passé simple wie folgt:

Endungen	**part-ir** *weggehen*	Endungen	**voul-oir** *wollen, mögen*
-is	je part**is**	**-us**	je voul**us**
-is	tu part**is**	**-us**	tu voul**us**
-it	il/elle part**it**	**-ut**	il/elle voul**ut**
-îmes	nous part**îmes**	**-ûmes**	nous voul**ûmes**
-îtes	vous part**îtes**	**-ûtes**	vous voul**ûtes**
-irent	ils/elles part**irent**	**-urent**	ils/elles voul**urent**

Die folgenden Endungen gelten nur für die Verben venir *kommen* und tenir *halten* und die davon abgeleiteten Verben.

Endungen	**ven-ir** *kommen*	Endungen	**ten-ir** *halten*
-ins	je **vins**	**-ins**	je **tins**
-ins	tu **vins**	**-ins**	tu **tins**
-int	il/elle **vint**	**-int**	il/elle **tint**
-înmes	nous **vînmes**	**-înmes**	nous **tînmes**
-întes	vous **vîntes**	**-întes**	vous **tîntes**
-inrent	ils/elles **vinrent**	**-inrent**	ils/elles **tinrent**

Das Passé simple von avoir und être wird wie folgt gebildet:

avoir *haben*	**être** *sein*
j'**eus**	je **fus**
tu **eus**	tu **fus**
il/elle **eut**	il/elle **fut**
nous **eûmes**	nous **fûmes**
vous **eûtes**	vous **fûtes**
ils/elles **eurent**	ils/elles **furent**

Gebrauch

Das Passé simple bezeichnet in der geschriebenen Sprache abgeschlossene Ereignisse, die keinen Bezug zur Gegenwart haben.

On **construisit** la Tour Eiffel en moins de deux ans. *Man **baute** den Eiffelturm in weniger als zwei Jahren.*

Passé simple und Imparfait oder Passé composé und Imparfait werden oft zusammen verwendet. Das Passé simple und das Passé composé schildern die Handlung bzw. ihren Fortgang, während das Imparfait den Hintergrund beschreibt.

L'homme **rentra** dans une maison qui était complètement abandonnée. *Der Mann **betrat** ein völlig verlassenes Haus.*

8.2.5 Das Passé récent

A2

Formen und Gebrauch

Zum Ausdruck der unmittelbaren Vergangenheit verwendet man im Französischen das Passé récent. Es wird wie folgt gebildet:

Präsens von venir de + Infinitiv

Son père **vient** (juste) **de sortir** de l'hôpital. *Sein Vater **ist gerade** (eben) aus dem Krankenhaus entlassen worden.*

8.3 Das Futur

A1

Das Futur drückt ein zukünftiges Geschehen aus.

Während in der Schriftsprache häufiger auf das Futur simple zurückgegriffen wird, kommen in der gesprochenen Sprache Futur simple und Futur composé gleichermaßen häufig vor.

A1 8.3.1 Das Futur simple

Formen

Die Verben der 1. und 2. Gruppe bilden das Futur simple in der Regel wie folgt:

Infinitiv + Endung des Futur simple

Endungen	**chant-er** *singen*	**fin-ir** *beenden*
-ai	je chanter**ai**	je finir**ai**
-as	tu chanter**as**	tu finir**as**
-a	il/elle chanter**a**	il/elle finir**a**
-ons	nous chanter**ons**	nous finir**ons**
-ez	vous chanter**ez**	vous finir**ez**
-ont	ils/elles chanter**ont**	ils/elles finir**ont**

◐ Manche Verben haben eine Stammänderung z. B.:

acheter *kaufen*	j'ach**è**terai
répéter *wiederholen*	il rép**è**tera
appeler *rufen*	tu appe**ll**eras
se lever *aufstehen*	nous nous l**è**verons

⚡ Achten Sie auf die Stammveränderungen der unregelmäßigen Formen bei den Verben der 3. Gruppe.

Endungen	**prendre** *nehmen*	**venir** *kommen*	**pouvoir** *können, dürfen*
-ai	je prendr**ai**	je **viendrai**	je **pourrai**
-as	tu prendr**as**	tu **viendras**	tu **pourras**
-a	il/elle prendr**a**	il/elle **viendra**	il/elle **pourra**
-ons	nous prendr**ons**	nous **viendrons**	nous **pourrons**
-ez	vous prendr**ez**	vous **viendrez**	vous **pourrez**
-ont	ils/elles prendr**ont**	ils/elles **viendront**	ils/elles **pourront**

Das Futur simple von avoir und être wird wie folgt gebildet:

avoir *haben*	**être** *sein*
j'**aurai**	je **serai**
tu **auras**	tu **seras**
il/elle **aura**	il/elle **sera**
nous **aurons**	nous **serons**
vous **aurez**	vous **serez**
ils/elles **auront**	ils/elles **seront**

Weitere gängige Verben, die eine Stammveränderung haben:

aller *gehen*	ir-	j'**ir**ai
devoir *müssen*	devr-	tu **devr**as
faire *machen*	fer-	il **fer**a
savoir *wissen*	saur-	nous **saur**ons
voir *sehen*	verr-	vous **verr**ez
vouloir *wollen*	voudr-	elles **voudr**ont

Gebrauch

Das Futur simple bezeichnet im Französischen ein von der Gegenwart aus gesehenes zukünftiges Geschehen.

⚡ Im Deutschen wird statt der entsprechenden Futurform häufig das Präsens verwendet.

Je vous **appellerai** vers dix-huit heures. *Ich **rufe** Sie gegen achtzehn Uhr an.*

Das Futur simple steht auch im Bedingungssatz, um eine realisierbare Bedingung auszudrücken. A2

Si Justin est là, nous **irons** ensemble au cinéma. *Wenn Justin da ist, **gehen** wir zusammen ins Kino.*

A1

8.3.2 Das Futur composé

Formen und Gebrauch

Das Futur composé wird besonders in der gesprochenen Sprache zur Bezeichnung eines unmittelbar bevorstehenden Ereignisses verwendet. Es wird wie folgt gebildet:

Präsens von aller + Infinitiv

Le gâteau **va être** prêt dans cinq minutes. *Der Kuchen **wird** in fünf Minuten fertig **sein**.*

A2

8.3.3 Das Futur antérieur

Formen

Das Futur antérieur wird mit dem Futur simple der Hilfsverben avoir oder être + Partizip Perfekt (PP) gebildet.

travailler *arbeiten* Hilfsverb avoir + PP (= travaillé)	**aller** *gehen* Hilfsverb être + PP (= allé)
j'**aurai travaillé**	je **serai allé(e)**
tu **auras travaillé**	tu **seras allé(e)**
il/elle **aura travaillé**	il/elle **sera allé(e)**
nous **aurons travaillé**	nous **serons allé(e)s**
vous **aurez travaillé**	vous **serez allé(e)s**
ils/elles **auront travaillé**	ils/elles **seront allé(e)s**

avoir *haben* Hilfsverb avoir + PP (= eu)	**être** *sein* Hilfsverb avoir + PP (= été)
j'**aurai eu**	j'**aurai été**
tu **auras eu**	tu **auras été**
il/elle **aura eu**	il/elle **aura été**
nous **aurons eu**	nous **aurons été**
vous **aurez eu**	vous **aurez été**
ils/elles **auront eu**	ils/elles **auront été**

Gebrauch

Das Futur antérieur bezeichnet eine Handlung, die zu einem späteren Zeitpunkt in der Zukunft abgeschlossen sein wird. ⚡ Im Deutschen wird dies meistens durch das Perfekt ausgedrückt: Quand Diane **aura fini** ses études, nous ferons un grand voyage. *Wenn Diane ihr Studium **abgeschlossen hat**, werden wir eine Fernreise unternehmen.*

8.4 Der Konditional A2

8.4.1 Der Konditional I A2

Formen

Endungen	**pens-er** *denken*	Endungen	**aller** *gehen*
-ais	je pense**rais**	**-ais**	j'**irais***
-ais	tu pense**rais**	**-ais**	tu **irais**
-ait	il/elle pense**rait**	**-ait**	il/elle **irait**
-ions	nous pense**rions**	**-ions**	nous **irions**
-iez	vous pense**riez**	**-iez**	vous **iriez**
-aient	ils/elles pense**raient**	**-aient**	ils/elles **iraient**

Der Konditional I von avoir und être wird wie folgt gebildet:

avoir *haben*	**être** *sein*
j'**aurais**	je **serais**
tu **aurais**	tu **serais**
il/elle **aurait**	il/elle **serait**
nous **aurions**	nous **serions**
vous **auriez**	vous **seriez**
ils/elles **auraient**	ils/elles **seraient**

💡 Der Konditional I wird sehr ähnlich wie das Futur simple gebildet. Die verschiedenen Stammänderungen* beim Konditional I sind genauso wie beim Futur simple (▶ 8.3.1).

Man nehme also den Verbstamm des Futur simple und füge die Endungen des Konditional I an, die übrigens jenen des Imparfait entsprechen.

B1

8.4.2 Der Konditional II

Formen

Der Konditional II wird mit dem Konditional I der Hilfsverben avoir *haben* oder être *sein* + Partizip Perfekt (PP) gebildet.

travailler *arbeiten* Hilfsverb avoir + PP (= travaillé)	**aller** *gehen* Hilfsverb être + PP (= allé)
j'**aurais travaillé**	je **serais allé(e)**
tu **aurais travaillé**	tu **serais allé(e)**
il/elle **aurait travaillé**	il/elle **serait allé(e)**
nous **aurions travaillé**	nous **serions allé(e)s**
vous **auriez travaillé**	vous **seriez allé(e)s**
ils/elles **auraient travaillé**	ils/elles **seraient allé(e)s**

Der Konditional II von avoir und être wird wie folgt gebildet:

avoir *haben* Hilfsverb avoir + PP (= eu)	**être** *sein* Hilfsverb avoir + PP (= été)
j'**aurais eu**	j'**aurais été**
tu **aurais eu**	tu **aurais été**
il/elle **aurait eu**	il/elle **aurait été**
nous **aurions eu**	nous **aurions été**
vous **auriez eu**	vous **auriez été**
ils/elles **auraient eu**	ils/elles **auraient été**

Gebrauch des Konditional I und II

ℹ Der französische Konditional findet sowohl als Zeitform (Ausdruck der Zukunft in der Vergangenheit) wie auch als Modus häufig Anwendung.

Der Konditional I und der Konditional II stehen anstelle des Futurs simple und des Futurs antérieur für Handlungen, die vom Standpunkt der Vergangenheit aus in der Zukunft stattfinden werden:
Sa mère lui a promis qu'ils **iraient** à la piscine dès qu'elle **aurait terminé** son travail. *Seine Mutter hat ihm versprochen, dass sie ins Schwimmbad* ***gehen****, sobald sie ihre Arbeit* ***beendet hat.***

8.4.3 Der Bedingungssatz

B1

Der Konditional wird als Modus im Bedingungssatz verwendet.
Si elle gagnait/avait gagné un million d'euros, Marine **achèterait/aurait acheté** un chalet à la montagne.
Wenn sie ein Million Euro gewinnen würde/gewonnen hätte, ***würde/hätte*** *Marine eine Berghütte* ***kaufen/gekauft.***

Ferner wird er eingesetzt

- zum Ausdruck der Wahrscheinlichkeit:
  Je pense qu'elle le **ferait.** *Ich denke, dass sie es* ***tun würde.***

- zum Ausdruck eines Wunsches:
  J'aimerais bien revoir ce film. *Ich* ***würde*** *diesen Film* ***gerne*** *noch mal sehen.*

- zum Ausdruck einer nicht bestätigten Information:
  Le célèbre acteur **aurait assassiné** sa femme. *Der berühmte Schauspieler* ***soll*** *seine Frau* ***ermordet haben*** *(wörtlich:* ***hätte*** *seine Frau* ***ermordet****).*

- zum Ausdruck der Höflichkeit: A2
  Je **voudrais** 1 kilo de tomates, s'il vous plaît. *Ich* ***möchte bitte*** *ein Kilo Tomaten.*

Auf einen Blick

Der Indikativ

Das Präsens

Das Präsens beschreibt

- Ereignisse und Zustände, die sich in der oder bis zur Gegenwart vollziehen: Je **mange** une orange. *Ich **esse** eine Apfelsine.*
- Regelmäßig wiederkehrende Handlungen oder Gewohnheiten: Ils se **voient** tous les samedis. *Sie **treffen sich** jeden Samstag.*
- Allgemeingültige Tatsachen: La lune **tourne** autour de la terre. *Der Mond **kreist** um die Erde.*
- Ereignisse in der nahen Zukunft, wie im Deutschen: Demain, ils **partent** en vacances. *Morgen **fahren** sie in Urlaub.*

Mit dem Présent progressif drücken wir aus, dass eine Handlung gerade stattfindet, ähnlich den englischen Verlaufsformen: Nous sommes **en train de partir**. *Wir sind **gerade dabei, aufzubrechen**.*

Die Vergangenheit

- Das Imparfait beschreibt noch nicht abgeschlossene oder sich wiederholende Ereignisse in der Vergangenheit: Le soir, ils **regardaient** toujours la télé. *Abends **sahen** sie immer fern.*
- Das Passé composé verwendet man bei Ereignissen, die in der Vergangenheit abgeschlossen waren, aber Folgen für die Gegenwart haben sowie für aufeinander folgende Ereignisse in der Vergangenheit: Amélie et Marc **se sont mariés** il y a deux ans. *Amélie und Marc **haben** vor zwei Jahren **geheiratet**.*

- Das Plus-que-parfait drückt die Vorvergangenheit aus: Hier, j'ai rencontré un ami que je n'**avais** pas **vu** depuis 1999. *Gestern habe ich einen Freund getroffen, den ich seit 1999 nicht mehr* ***gesehen hatte.***
- Das Passé récent drückt die unmittelbare Vergangenheit aus: Pascal **venait de rentrer**, quand il a commencé à pleuvoir. *Pascal* ***war gerade*** *nach Hause* ***gekommen****, als es anfing zu regnen.*

Das Futur

Als Entsprechung des Futur simple wird im Deutschen häufig das Präsens gebraucht: Je **viendrai** vers six heures. *Ich* ***komme*** *gegen sechs Uhr (statt: werde kommen).*
Das Futur composé kommt in der gesprochenen Sprache häufig vor und drückt eine unmittelbar bevorstehende Zukunft aus: On **va partir** dans dix minutes. *Wir* ***brechen*** *in zehn Minuten* ***auf.***

Der Konditional

Der Konditional bezeichnet als Tempus eine von der Vergangenheit aus gesehene zukünftige Handlung: Monique savait qu'à ce moment-là Patrick **serait** déjà **parti.** *Monique wusste, dass Patrick jetzt bereits* ***abgereist sein würde.***
Als Modus wird der Konditional verwendet zum Ausdruck einer Möglichkeit, eines Wunsches und der Höflichkeit sowie zur Wiedergabe unbestätigter Informationen: Le ministre **aurait démissionné.** *Der Minister* ***soll zurückgetreten sein.***
Darüber hinaus wird er im Bedingungssatz verwendet: Si j'avais le temps, je **resterais** encore un jour. *Wenn ich Zeit hätte,* ***würde*** *ich noch einen Tag* ***bleiben.*** Si j'avais eu le temps, je **serais resté.** *Wenn ich Zeit gehabt hätte,* ***wäre ich geblieben.***

B1

9 Der Subjonctif

Im Gegensatz zum Modus Indikativ schildert der Subjonctif keine Tatsachen, sondern subjektive Auffassungen.

B1

9.1 Der Subjonctif Präsens

Formen

Der Subjonctif Präsens wird wie folgt gebildet: Verbstamm der 3. Pers. Pl. Indikativ Präsens + Endung des Subjonctif.

Endungen	**chanter** *singen* ils/elles chant-ent	**finir** *beenden* ils/elles finiss-ent	**conduire** *fahren* ils/elles conduis-ent
-e	que je chant**e**	que je finiss**e**	que je conduis**e**
-es	que tu chant**es**	que tu finiss**es**	que tu conduis**es**
-e	qu'il/elle chant**e**	qu'il/elle finiss**e**	qu'il/elle conduis**e**
-ions	que nous chant**ions**	que nous finiss**ions**	que nous conduis**ions**
-iez	que vous chant**iez**	que vous finiss**iez**	que vous conduis**iez**
-ent	qu'ils/elles chant**ent**	qu'ils/elles finiss**ent**	qu'ils/elles conduis**ent**

Bei einigen Verben wird der Subjonctif Präsens unregelmäßig gebildet, wie auch bei avoir und être.

avoir *haben*	**être** *sein*
que j'**aie**	que je **sois**
que tu **aies**	que tu **sois**
qu'il/elle **ait**	qu'il/elle **soit**
que nous **ayons**	que nous **soyons**
que vous **ayez**	que vous **soyez**
qu'ils/elles **aient**	qu'ils/elles **soient**

9.2 Der Subjonctif der Vergangenheit

B2

Formen

Der Subjonctif der Vergangenheit wird wie folgt gebildet: Hilfsverb être oder avoir im Subjonctif Präsens + PP.

acheter *kaufen*	**partir** *weggehen*
que j'**aie acheté**	que je **sois parti(e)**
que tu **aies acheté**	que tu **sois parti(e)**
qu'il/elle **ait acheté**	qu'il/elle **soit parti(e)**
que nous **ayons acheté**	que nous **soyons parti(e)s**
que vous **ayez acheté**	que vous **soyez parti(e)s**
qu'ils/elles **aient acheté**	qu'ils/elles **soient parti(e)s**

Gebrauch des Subjonctif Präsens und des Subjonctif der Vergangenheit

Der Subjonctif kommt in folgenden Nebensatzarten vor:

- im que-Satz
  - zum Ausdruck der Willensäußerung und der Wunschvorstellung:
    Il **veut** que j'**aille** le voir. *Er **will**, dass ich ihn besuche.*
    J'**aimerais** bien qu'il **fasse** beau demain. *Ich **möchte gern**, dass morgen schönes Wetter ist.*
  - zum Ausdruck der Pflicht:
    Il faut qu'il **apprenne** l'espagnol pour son travail. *Er **muss** für seine Arbeit Spanisch lernen.*
  - zum Ausdruck der Möglichkeit und des Zweifels:
    Il se peut que le train **ait** du retard. ***Es ist möglich**, dass der Zug Verspätung hat.*
  - zum Ausdruck der Gefühle und der Eindrücke:
    Les enfants **sont contents** que tu **sois** là. *Die Kinder **freuen sich**, dass du da bist.*

Subjonctif oder Indikativ? Bei den Verben des Sagens und Denkens, der Sicherheit und der Wahrscheinlichkeit ist der Gebrauch des Subjonctif im que-Satz nicht automatisch. Daher prägen Sie sich folgende Formeln ein:

Aussagesatz/est-ce que-Frage/Intonationsfrage + Indikativ

Il **pense** qu'elle **est** douée. *Er denkt, dass sie begabt ist.* **Est-ce qu'**il **pense** qu'elle **est** douée ?/Il **pense** qu'elle **est** douée ? *Denkt er, dass sie begabt ist?*

Verneinung/Inversionsfrage + Subjonctif

Il **ne pense pas** qu'elle **soit** douée. *Er denkt nicht, dass sie begabt ist.* **Pense-t-il** qu'elle **soit** douée ? *Denkt er, dass sie begabt ist?*

Denken Sie daran, dass Verben ähnlicher Bedeutung verschiedene Modi auslösen können! Am besten Sie lernen den richtigen Modus schon beim Vokabellernen gleich mit. Nous **espérons** que tout **va** bien. *Wir **hoffen**, dass alles gut geht.* ⇄ Nous **souhaitons** que tout **aille** bien. *Wir **wünschen**, dass alles gut geht.*

- im Adverbialsatz
  Nach manchen Konjunktionen, z. B. sans que *ohne dass*, muss der Subjonctif (▷ 11 + 15) stehen.

- im Relativsatz
  In manchen Fällen steht im Relativsatz der Subjonctif:
  - zum Ausdruck einer Wunschvorstellung:
    Je **cherche un appartement qui soit** très **clair**. *Ich suche eine Wohnung, die sehr hell ist.*
  - im Falle einer Steigerung:
    C'est **le plus beau livre** que j'**aie** (jamais) **lu**. *Es ist das schönste Buch, das ich je gelesen habe.*

10 Der Imperativ

A1

Der Imperativ im Französischen hat nur drei Personen: die 2. Person Singular, die 1. Person Plural und die 2. Person Plural (= Höflichkeitsform).

Formen

Die Formen des Imperativ Präsens richten sich in der Regel nach dem Indikativ Präsens. Verben, die in der 2. Person Singular im Indikativ Präsens auf -es enden, enden im Imperativ auf -e: **Tu parles – Parle !**

	parler *sprechen*	**finir** *beenden*	**apprendre** *lernen*
2. Person Singular	parle	finis	apprends
1. Person Plural	parlons	finissons	apprenons
2. Person Plural	parlez	finissez	apprenez

Der Imperativ von avoir und être wird so gebildet:

	avoir *haben*	**être** *sein*
2. Person Singular	aie	sois
1. Person Plural	ayons	soyons
2. Person Plural	ayez	soyez

Bei reflexiven Verben (z. B. se laver *sich waschen*) steht im verneinten Imperativ das Reflexivpronomen *vor* dem Verb: Ne **te** lave pas. *Wasch dich nicht!*

Im bejahten Imperativ wird das unverbundene betonte Personalpronomen toi anstatt des Reflexivpronomens te verwendet: Lave-**toi**. *Wasch dich!*

Gebrauch

Mit dem Imperativ werden Aufforderungen, Wünsche, Anweisungen und Ratschläge geäußert.

Appelle-le ! *Ruf ihn an!* **Amuse-toi** bien ! *Viel Spaß!*

A1

11 Der Infinitiv

Als infinite Verbform ist der Infinitiv in Person und Zahl unveränderlich.

Formen

	Verben der 1. Gruppe	Verben der 2. Gruppe	Verben der 3. Gruppe
Infinitiv Präsens	dans**er**	fin**ir**	prend**re**/ven**ir**/recev**oir**
	tanzen	*beenden*	*nehmen/kommen/bekommen*
B2 **Infinitiv Perfekt**	avoir dansé	avoir fini	avoir pris/être venu/avoir reçu

Gebrauch

Der Infinitiv findet in verschiedener Weise Verwendung.

Einige Infinitive sind zu Substantiven geworden:
le déjeuner *das Mittagessen*, le pouvoir *die Macht*, le souvenir *die Erinnerung.*

Häufig werden Infinitivkonstruktionen ohne Präposition verwendet, z. B.

- nach Modalverben oder Hilfsverben wie z. B. aller *gehen*:
  Olivier ne **peut** pas **venir.** *Olivier kann nicht kommen.*
  Nous **allons jouer** au football demain. *Wir werden morgen Fußball spielen.*

A2

- nach den Verben des Wünschens, des Sagens und des Denkens, wenn Hauptverb und Nebenverb das gleiche Subjekt haben:
  J'**aimerais** beaucoup **aller** en Espagne. *Ich würde sehr gerne nach Spanien fahren.*

Il **dit avoir** raison. *Er sagt, dass er recht hat.*
Nous **pensons savoir** la réponse. *Wir denken, dass wir die Antwort kennen.*

- nach den Verben der Wahrnehmung anstelle eines Relativsatzes: B1
  Il **regardait** les enfants **jouer**/qui jouaient dans le jardin. *Er schaute zu, wie die Kinder im Garten spielten.*

Es gibt jedoch auch zahlreiche Infinitivkonstruktionen mit Präposition, z. B. A2

- nach manchen Verben, die den Infinitiv mit à oder de anschließen:
  Elle a enfin **arrêté de fumer.** *Sie hat endlich aufgehört zu rauchen.*
  As-tu **pensé à acheter** du pain ? *Hast du daran gedacht, Brot zu kaufen?*
- um einen Nebensatz einzuleiten wie z. B.:
  Marc est parti **sans dire** au revoir. *Marc ist gegangen, ohne sich zu verabschieden.*
  Nous avons pris le métro **pour visiter** Paris. *Wir sind mit der Métro gefahren, um Paris zu besichtigen.*
- um einen Relativsatz zu umschreiben. Nach où oder einem anderen Relativpronomen, dem eine Präposition vorangeht, ist eine Infinitivkonstruktion möglich. Voraussetzung ist aber, dass das Hauptverb und das Verb im Infinitiv das gleiche Subjekt haben: B1
  Il cherche un hôtel **où passer** la nuit. *Er sucht ein Hotel, wo er übernachten kann.*
  Il n'a personne **à qui parler.** *Er hat niemanden, mit dem er sprechen kann.*
- um einen que- oder Adverbialsatz zu umschreiben. Auch hier ist vorausgesetzt, dass das Hauptverb und das Verb im Infinitiv das gleiche Subjekt haben: B1

Il espère **pouvoir faire** du ski. (= Il espère **qu'il pourra faire** du ski.) *Er hofft, dass er Ski fahren kann.*

B1 • um den Subjonctif zu umgehen, indem statt der Verben und Konjunktionen, die zwingend einen Subjonctif erfordern, eine ähnliche Infinitivkonstruktion mit oder ohne Präposition verwendet wird (▷ 9 + 15):
Il **veut s'en aller.** (= vouloir que + Subjonctif)
Er will weggehen.
J'ai pris la voiture **pour aller** plus vite. (= pour que + Subjonctif)
Ich bin mit dem Auto gefahren, um schneller zu sein.

Konjunktion + Subjonctif	entsprechende Präposition + Infinitiv
que *dass*	*Infinitiv ohne Präposition*
avant que *bevor*	avant de
B2 de peur que/de crainte que *damit nicht*	de peur de/de crainte de
B2 de façon que/de manière que *sodass*	de façon à/de manière à
B2 pour que/afin que *damit*	pour/afin de
B2 sans que *ohne dass*	sans
B2 en attendant que *bis*	en attendant de

⚡ Falls das Objekt des Hauptverbs und das Subjekt des Nebensatzes der gleichen Person entsprechen, so ist nur eine Infinitivkonstruktion möglich:
Je **te conseille de prendre** des vacances. *Ich gebe dir den Rat, Urlaub zu machen.*

Auf einen Blick

Der Subjonctif

Der Subjonctif drückt Zweifel oder Unsicherheit, eine subjektive Stellungnahme oder eine Absicht aus.

Meist werden Sätze im Subjonctif mit que eingeleitet.

Auslöser des Subjonctif sind hauptsächlich:

- Verben und unpersönliche Wendungen der Willensäußerung, der Notwendigkeit, der Zustimmung oder Ablehnung: Je ne **suis** pas **d'accord** que tu **prennes** ma voiture. *Ich **bin** nicht **einverstanden**, dass du mein Auto **nimmst**.* **Il vaudrait mieux que** je **fasse** du sport. ***Es wäre besser**, wenn ich Sport **treiben würde**.*
- Verben und unpersönliche Wendungen des Fühlens und Wertens: Il ne **comprend** pas que'elle **soit** triste. *Er **versteht** nicht, dass sie traurig **ist**.* **Il est étonnant que** tu ne les **aies** pas **rencontrés**. ***Es ist erstaunlich**, dass du sie nicht **getroffen hast**.*
- Verben und unpersönliche Wendungen des Befürchtens, Zweifelns und der Unsicherheit in Aussagesätzen: **Je doute qu'**elle **vienne**. *Ich **bezweifle**, dass sie **kommt**.* **Il semble qu'**ils **soient** en retard. ***Es scheint**, dass sie sich **verspäten**.*
- Verben des Meinens und Denkens in verneinten Sätzen oder in Inversionsfragen: **Je ne trouve pas qu'**il **soit** gentil. *Ich **finde nicht**, dass er nett **ist**.* **Pensez-vous que** ce **soit** une bonne solution ? ***Glauben Sie**, dass das eine gute Lösung **ist**?*
- Bestimmte Konjunktionen: Rentrez **avant que** la nuit **tombe**. *Geht nach Hause, **bevor** es **dunkel wird**.* **Bien qu'**elle **ait** beacoup à faire, elle nous aide souvent.

***Obwohl** sie viel zu tun **hat**, hilft sie uns oft.* Tu peux aller au cinéma, **pourvu qu**'il ne **pleuve** pas. *Du kannst ins Kino gehen, **vorausgesetzt**, es **regnet** nicht.*

⚡ Der Subjonctif ist nicht identisch mit dem deutschen Konjunktiv!

Der Imperativ

Mit dem Imperativ werden Befehle, Aufforderungen, Verbote, Ratschläge oder Bitten geäußert:
Écoute-moi ! ***Hör** mir **zu**!* **Ouvre** la porte, s'il te plaît. ***Mach** bitte die Tür **auf**!* **Commençons**. ***Lasst** uns **anfangen**!* **Apportez**-moi un thé, s'il vous plaît. ***Bringen Sie** mir bitte einen Tee!*

Der Infinitiv

Der Infinitiv ist die Grundform des Verbs und ist unveränderlich.

- Infinitivkonstruktionen ohne Präposition werden verwendet nach Modal- und Hilfsverben, nach Verben des Denkens, Meinens, Erklärens, des Behauptens, der Willensäußerung oder der Wahrnehmung: Tu **veux venir** avec moi ? ***Willst** du mit mir **kommen**?* J'**espère** te **revoir** la semaine prochaine. *Ich **hoffe**, dich nächste Woche **wiederzusehen**.* J'ai **entendu** la voisine **sortir**. *Ich habe **gehört**, wie die Nachbarin **weggegangen ist**.*
- Infinitivkonstruktionen mit Präposition, meist à oder de nach bestimmten Verben oder zur Verkürzung von Nebensätzen: J'ai cherché à **comprendre** ce qu'elle voulait dire. *Ich habe versucht **zu verstehen**, was sie sagen wollte.* Il n'a personne à qui **se confier**. *Er hat niemanden, **dem er sich anvertrauen kann**.*

12 Das Partizip

B1

12.1 Das Partizip Perfekt

B1

Formen

	Infinitiv	Partizip Perfekt
Verben der 1. Gruppe	danser *tanzen*	**dansé**
Verben der 2. Gruppe	finir *beenden*	**fini**
Verben der 3. Gruppe	faire *machen*	**fait**
	dire *sagen*	**dit**
	venir *kommen*	**venu**
	ouvrir *öffnen*	**ouvert**
	savoir *wissen*	**su**
	mettre *legen*	**mis**
	prendre *nehmen*	**pris**
Hilfsverb	être *sein*	**été**
Hilfsverb	avoir *haben*	**eu**

Gebrauch

Das Partizip Perfekt wird zur Bildung der zusammengesetzten Zeiten als Verbform mit dem Hilfsverb avoir oder être verwendet.

Les enfants **sont allés** au cinéma. *Die Kinder sind ins Kino gegangen.*

J'**ai rencontré** Alice dans le métro. *Ich habe Alice in der Métro getroffen.*

⚡ Im Französischen steht bei den reflexiven Verben das Partizip Perfekt *immer* mit dem Hilfsverb être.

Nous **nous sommes revus** dix ans plus tard. *Wir haben uns zehn Jahre später wiedergesehen.*

Das Partizip Perfekt wird im Französischen zur Bildung des Passivs *stets* mit dem Hilfsverb être *sein* verwendet (▶ 14).
Son appartement **a été cambriolé.** *In seine Wohnung wurde eingebrochen.*

ℹ In manchen Fällen ist das französische Partizip Perfekt zum Adjektiv geworden: un placard **ouvert** *ein offener Schrank*, une personne **émue** *eine gerührte Person.*

⚡ Das zum Adjektiv gewordene Partizip Perfekt sollte nicht mit dem entsprechenden Verbaladjektiv verwechselt werden:

Partizip Perfekt als Adjektiv (= passivische Bedeutung)	**Verbaladjektiv** (= aktivische Bedeutung)
énervé *genervt*	énervant *nervig*
fatigué *müde*	fatigant *anstrengend*
surpris *überrascht*	surprenant *überraschend*
déçu *enttäuscht*	décevant *enttäuschend*
ému *gerührt*	émouvant *rührend*

💡 Das mit avoir verbundene Partizip Perfekt ist in der Regel unveränderlich.
Claire **a acheté** des tulipes. *Claire hat Tulpen gekauft.*

In einem Fall erfolgt jedoch eine Angleichung (= Accord) des mit dem Hilfsverb avoir verbundenen Partizip Perfekt: wenn ein direktes Objekt dem Hilfsverb vorangeht. Es gibt dann eine Angleichung des Partizip Perfekt an das direkte Objekt.
Elle **les** (les = les tulipes) **a trouvées** au marché. *Sie hat sie auf dem Markt gefunden.*
Veux-tu voir **les photos** que **j'ai prises** au Brésil ? *Willst du die Bilder sehen, die ich in Brasilien gemacht habe?*

◐ Geht jedoch en dem mit dem Hilfsverb avoir verbundenen Partizip Perfekt voraus, gibt es keine Angleichung.
Comme tu aimes les asperges, j'**en ai acheté** pour ce soir. *Da du gerne Spargel magst, habe ich welchen für heute Abend gekauft.*

Bei den Verben der Wahrnehmung stimmt das mit avoir verbundene Partizip Perfekt mit dem vorangehenden direkten Objekt nur überein, wenn dieses Subjekt des Infinitivs ist.
Les acteurs que nous **avons vus** jouer dans ce film sont excellents. *Die Schauspieler, die wir in diesem Film spielen sahen, sind hervorragend.*
ϟ aber: **La pièce** que nous **avons vu** jouer au théâtre était excellente. *Das Stück, das wir im Theater gesehen haben, war hervorragend.*

Das mit être verbundene Partizip Perfekt stimmt immer mit dem Subjekt überein (= Accord).
Nathalie est partie en vacances. *Nathalie ist in Urlaub gegangen.*

Bei den reflexiven Verben stimmt das Partizip Perfekt mit dem vorangehenden direkten Objekt überein. Steht das direkte Objekt jedoch nach dem Verb, so ist das Partizip Perfekt unveränderlich.
Elle s'est lav**ée**. *Sie hat sich gewaschen.*
Elle s'est lav**é** les mains. *Sie hat sich die Hände gewaschen.*

Bei den ausschließlich reflexiven Verben stimmt das Partizip Perfekt mit dem Subjekt überein.
Leur chienne s'est échapp**ée**. *Ihre Hündin ist weggelaufen.*

B1

12.2 Das Partizip Präsens

Formen

Das Partizip Präsens wird folgendermaßen gebildet: Verbstamm der 1. Person Plural Indikativ Präsens + Endung -ant.

	chanter *singen*	**finir** *beenden*	**prendre** *nehmen*
1. Pers. Plural Indikativ Präsens	nous chant-**ons**	nous finiss-**ons**	nous pren-**ons**
Partizip Präsens	chant**ant**	finiss**ant**	pren**ant**

◐ Ausnahmen:

	être *sein*	**avoir** *haben*	**savoir** *wissen*
Partizip Präsens	**étant**	**ayant**	**sachant**

Gebrauch

ℹ Im Französischen wird zwischen dem Partizip Präsens als *infinite Verbform* und dem *Verbaladjektiv* unterschieden. Als infinite Verbform ist das Partizip Präsens in Person und Zahl unveränderlich. Es hat meist eine Ergänzung und steht anstelle eines Relativsatzes oder eines Adverbialsatzes.

Ayant la grippe, elle préfère rester à la maison.
(= Comme elle a la grippe, ...) *Da sie die Grippe hat, bleibt sie lieber zu Hause.*

Das in manchen Fällen zum Verbaladjektiv gewordene Partizip Präsens ist in Geschlecht und Zahl hingegen veränderlich. Es hat keine Ergänzung:

des personnes **intéressantes**	*interessante Personen*
une femme **charmante**	*eine charmante Frau*

13 Das Gerund

B1

Als infinite Verbform ist das Gerund in Person und Zahl unveränderlich.

Formen

Das Gerund wird wie folgt gebildet: en + Partizip Präsens.

	Partizip Präsens	Gerund
chanter *singen*	chantant	**en chantant**
finir *beenden*	finissant	**en finissant**
prendre *nehmen*	prenant	**en prenant**
être *sein*	étant	**en étant**
avoir *haben*	ayant	**en ayant**
savoir *wissen*	sachant	**en sachant**

Gebrauch

Das Gerund wird im Französischen oft anstelle eines Adverbialsatzes verwendet: Il a rencontré Yves **en allant** à la pharmacie. (= … quand il est allé …) *Er hat Yves getroffen, als er zur Apotheke ging.*

Ferner wird das Gerund gebraucht, um die Gleichzeitigkeit zweier Handlungen auszudrücken, die das gleiche Subjekt haben. Manchmal wird auch tout vorangestellt, um die Gleichzeitigkeit hervorzuheben.
Tout en me parlant, elle jouait avec sa fille. *Während sie mit mir sprach, spielte sie mit ihrer Tochter.*

Das Gerund kann auch nach dem Hauptsatz stehen. Die Bedeutung des Satzes verändert sich dadurch nicht, und das Gerund entspricht automatisch dem Tempus des Hauptsatzes.
Elle joue avec sa fille **tout** en me parlant. *Sie spielt mit ihrer Tochter, während sie mit mir spricht.*

Auf einen Blick

Das Partizip

Das Partizip Perfekt

Das Partizip Perfekt bildet zusammen mit den Hilfsverben avoir und être die zusammengesetzten Zeiten.
Regelmäßige Verben auf -er bilden das Partizip Perfekt auf -é, Verben auf -ir bilden es auf -i und Verben auf -re auf -u: Elle a **mangé** une pomme. *Sie hat einen Apfel **gegessen**.* Il a **couru** à toute vitesse. *Er ist sehr schnell **gelaufen**.* J'ai **reçu** ta lettre. *Ich habe deinen Brief **bekommen**.*
Daneben gibt es eine Reihe unregelmäßiger Verben.

Wenn ein direktes Objekt vor dem Hilfsverb steht, wird das Partizip in Genus und Numerus angeglichen: Tu as acheté les journaux ? – Non, je **les** ai **oubliés**. *Hast du die Zeitungen gekauft? – Nein, ich habe **sie vergessen**.*

Wird die zusammengesetzte Zeit mit être gebildet, muss das Partizip in Genus und Numerus angeglichen werden: Les filles sont **allées** au théâtre. *Die Mädchen sind ins Theater **gegangen**.*

Das Partizip Perfekt der reflexiven Verben wird angeglichen, wenn das Reflexivpronomen direktes Objekt ist und vor dem Verb steht: Elles **se** sont **décidées** à aller au théâtre. *Sie haben **sich entschieden**, ins Theater zu gehen.*
Das Partizip Perfekt wird auch als attributives oder prädikatives Adjektiv gebraucht und wird angeglichen: Ce sont des vêtements **jolis**. *Das sind **hübsche** Kleider.* Les vêtements sont **jolis**. *Die Kleider sind **hübsch**.*

Das Partizip Präsens

Das Partizip Präsens ist unveränderlich und kann mit allen Zeiten verbunden werden. Es ist nicht zu verwechseln mit Verbaladjektiven, die attributiv sowie prädikativ gebraucht werden können und veränderlich sind.

- Verbaladjektiv, attributiv: C'est une chose **intéressante.** *Das ist eine **interessante** Sache.*
- Verbaladjektiv, prädikativ: Cette chose est **intéressante.** *Diese Sache ist **interessant.***
- Partizip Präsens: C'est une chose **intéressant** les jeunes gents. *Diese Sache **interessiert** die jungen Leute.*

Das Partizip Präsens wird verwendet zur Verkürzung von Relativsätzen: **Ouvrant** (= quand elle a ouvert) la porte, elle a vu qu'il pleuvait. ***Als sie** die Tür **öffnete**, stellte sie fest, dass es regenete.* **Ayant manqué** (= parce qu'elle a manqué) le tram, elle était en retard. ***Da sie** die Straßenbahn **verpasst hat**, ist sie zu spät gekommen.*

Das Gerund

Das Gerund wird mit en und dem Partizip Präsens gebildet und bezieht sich immer auf das Subjekt. Es ersetzt Nebensätze:

- Gleichzeitigkeit: Elle regarde la télé **en mangeant**. *Sie sieht fern **während sie isst**.*
- Bedingung: **En me dépêchant** je peux encore attraper le train. ***Wenn ich mich beeile**, kann ich den Zug noch erreichen.*
- Art und Weise: **En travaillant** dur elle a fait carrière. ***Indem sie** hart **gearbeitet hat**, hat sie Karriere gemacht.*

B1

14 Das Passiv

Formen und Gebrauch

⚡ Das Passiv ist im Französischen weniger geläufig als im Deutschen und wird oft umschrieben. Es wird mit dem Hilfsverb **être** *sein* in der entsprechenden Zeit und dem Partizip Perfekt gebildet.

Subjekt	Hilfsverb être	+ Partizip Perfekt (+ Urheber)	
Nous	**sommes**	**invités**	**(par nos voisins).**
Wir	*werden*	*von unseren Nachbarn eingeladen.*	

⚡ Achten Sie auf die Wortstellung, die im Französischen anders ist als im Deutschen!

Die Bezeichnung des Urhebers der Handlung erfolgt meist durch die Präposition **par**, seltener durch **de** (bei Verben, die einen Zustand ausdrücken).
Elle a été piquée **par** une guêpe. *Sie wurde* **von** *einer Wespe gestochen.*
Les Pichet sont accompagnés **de** leurs amis. *Die Pichets werden* **von** *ihren Freunden begleitet.*

Die Umschreibung des Passivs erfolgt in der Regel durch **on** *man* oder durch eine reflexive Konstruktion mit **se** *sich*.
En France, **on** parle français. *In Frankreich spricht* **man** *französisch.*
Ce pain **se** mange sans beurre. *Dieses Brot wird ohne Butter gegessen (wörtlich: isst* **sich** *ohne Butter).*

15 Die Konjunktion

A1

Konjunktionen sind unveränderliche Bindewörter, die zur Verknüpfung mehrerer Wörter bzw. Teilsätze verwendet werden. Man unterscheidet zwischen den *nebenordnenden* Konjunktionen und den *unterordnenden* Konjunktionen.

15.1 Die nebenordnende Konjunktion

A1

Nebenordnende Konjunktionen verbinden zwei gleichrangige Hauptsätze oder Wörter miteinander.

Konjunktion	Beispiel
mais *aber, sondern*	Marc est grand, **mais** Sylvain est encore plus grand. *Marc ist groß,* ***aber*** *Sylvain ist noch größer.*
ou *oder*	On prend du vin blanc **ou** du vin rouge ? *Nehmen wir Weiß-* ***oder*** *Rotwein?*
et *und*	Il a un frère **et** une soeur. *Er hat einen Bruder* ***und*** *eine Schwester.*
A2 donc *also*	Cédric est malade, **donc** il ne viendra pas ce soir. *Cédric ist krank. Er kommt* ***also*** *heute Abend nicht.*
B1 car *denn*	Il faut que je parte, **car** mon mari m'attend. *Ich muss gehen,* ***denn*** *mein Mann wartet auf mich.*
B1 ni … ni *weder … noch*	Isabelle n'aime **ni** le café **ni** le thé. *Isabelle mag* ***weder*** *Kaffee* ***noch*** *Tee.*
B2 or *nun, aber*	Je voulais acheter du pain; **or** la boulangerie était fermée. *Ich wollte Brot kaufen,* ***aber*** *die Bäckerei war geschlossen.*

A2

15.2 Die unterordnende Konjunktion

Unterordnende Konjunktionen leiten einen Nebensatz ein.

Je prendrai le train **parce que** ma voiture est au garage. *Ich werde mit dem Zug fahren, **weil** mein Auto in der Werkstatt ist.*

Die Konjunktion que ist eine der wichtigsten unterordnenden Konjunktionen im Französischen. Das Modus im que-Satz wird durch bestimmte Verben, Adjektive oder feste Wendungen im Hauptsatz ausgelöst.

A1 que + Indikativ: nach Verben der Erklärung, der Behauptung und der Sicherheit

Il **dit que** tout **va** bien. *Er sagt, dass alles in Ordnung ist.*

B1 que + Subjonctif (▶ 9)

Il est **heureux que** tout **aille** bien. *Er freut sich, dass alles in Ordnung ist.*

B2

15.3 Weitere Konjunktionen

Abhängig von der Konjunktion steht das Verb im Nebensatz im Indikativ bzw. Konditional oder im Subjonctif.

Verb im Indikativ/Konditional	Verb im Subjonctif
temporale Konjunktionen	
après que *nachdem*	B1 avant que *bevor*
B1 depuis que *seitdem*	en attendant que *bis*
dès que *sobald*	jusqu'à ce que *solange bis*
B1 pendant que/alors que *während*	
A1 quand/lorsque *wenn, als*	
tant que *solange*	

kausale Konjunktionen

A2 comme *da*
étant donné que *da*
A2 parce que *weil*
puisque *da, weil*

konsekutive Konjunktionen

si bien que *sodass*
de sorte que/de (telle) manière que *sodass*
assez (+ Adj.) pour que *(Adj.) genug, dass*
trop (+ Adj.) pour que *zu (Adj.), dass*

finale Konjunktionen

pour/afin que *damit*
de sorte que/de manière à ce que *sodass*
de peur que *damit nicht*

konzessive Konjunktionen

même si *selbst wenn*
bien que/quoique *obwohl*

konditionale Konjunktionen

A2 si *wenn*
même si *selbst wenn*
à moins que *außer wenn*
à condition que *unter der Bedingung, dass*

modale Konjunktionen

A2 comme *wie*
comme si *als ob*
sans que *ohne dass*
de manière que/de sorte que *sodass, damit*

⚡ Nach de sorte que steht immer dann der Indikativ, wenn auf eine tatsächlich verwirklichte Folge verwiesen wird.
Luc a trop mangé en soirée **de sorte qu'**il **n'a** pas **pu** dormir de la nuit. *Luc hat abends zu viel gegessen, sodass er die ganze Nacht nicht schlafen konnte.*

Auf einen Blick

Das Passiv

Das Passiv wird mit être in der jeweiligen Zeit und dem Partizip Perfekt des Vollverbs gebildet. Dabei wird das Partizip Perfekt an das Bezugswort angeglichen:
Les livres **sont publiés**. *Die Bücher **sind veröffentlicht**.*
La criminelle **a été arrêtée**. *Die Verbrecherin **ist verhaftet worden**.*
Soll in einem Passivsatz der Urheber erwähnt werden, wird dieser mit par angeschlossen, bei Verben, die einen Zustand oder ein Gefühl ausdrücken, jedoch mit de. Der Urheber steht dabei immer hinter dem Partizip: La Tour Eiffel a été construite **par** Gustave Eiffel. *Der Eiffelturm wurde **von** Gustave Eiffel entworfen.* L'allée est bordée **d'**arbres. *Die Allee wird **von** Bäumen gesäumt.*

ⓘ Anstelle des Passivs werden im Französischen oft alternative Konstruktionen gebraucht: Au Canada, **on parle** anglais et français. *In Kanada **spricht man** Englisch und Französisch.* Ces produits **se vendent** bien. *Diese Produkte **verkaufen sich** gut.* L'employé **s'est fait renvoyer**. *Der Angestelle **wurde entlassen**.*

Die Konjunktion

Die nebenordnende Konjunktion

Nebenordnende Konjunktionen verbinden gleichartige Wörter oder Satzteile. Dies können Konjunktionen sein, die

- zur Aneinanderreihung dienen: J'achète du lait **et** de la baguette. *Ich kaufe Milch **und** Baguette.*

- einen Gegensatz oder eine Alternative ausdrücken: Le voyage était fantastique, **mais** trop court. *Die Reise war fantastisch, **aber** zu kurz.*
- einen Grund oder eine Folge angeben: Cette plage me plaît beaucoup, **car** elle est très propre. *Dieser Strand gefällt mir gut, **denn** er ist sehr sauber.*

Die unterordnende Konjunktion mit que

Die unterordnenden Konjunktionen verbinden Nebensätze mit übergeordneten Hauptsätzen: Elle dit **qu'**elle vient tout de suite. *Sie sagt, **dass** sie sofort kommt.* Il est domage **que** tu n'aies pas vu ce film. *Es ist schade, **dass** du den Film nicht gesehen hast.*

Weitere unterordnende Konjunktionen

- Temporale Konjunktionen: Je vais fermer les fenêtre **avant que** je parte. *Ich mache die Fenster zu, **bevor** ich aufbreche.*
- Kausale Konjunktionen: Elle ne peut pas venir **parce qu'**elle est malade. *Sie kann nicht kommen, **weil** sie krank ist.*
- Finale und modale Konjunktionen: Viviane me l'a expliqué **de façon que** je l'aie compris. *Viviane hat es mir so erklärt, dass ich es verstanden habe.*
- Konzessive Konjunktionen: **Bien que** je sois malade, je ne reste pas à la maison. ***Obwohl** ich krank bin, bleibe ich nicht zu Hause.*
- Konditionale Konjunktionen: Je viens te voir, **pourvu qu'**il ne pleuve pas. *Ich komme dich besuchen, **voraus-gesetzt, dass** es nicht regnet.*

⚡ In que-Sätzen steht nach bestimmten Verben und Wendungen der Subjonctif. (▷ 9)

A1

16 Die Wortstellung im Satz

A1

16.1 Der Aussagesatz

Im französischen Aussagesatz gilt in der Regel die Wortfolge Subjekt + Prädikat.

Subjekt +	**Verb**			
Isabelle	travaille.			
Isabelle	*arbeitet.*			
Subjekt +	**Verb +**	**direktes Objekt**	**(+ indirektes Objekt)**	
Elle	écrit	une lettre	(à un ami).	
Sie	*schreibt*	*(einem Freund)*	*einen Brief.*	
Subjekt +	**Hilfsverb +**	**Partizip Perfekt +**	**direktes Objekt**	**(+ indirektes Objekt)**
Elle	a	écrit	une lettre	(à un ami).
Sie	*hat*	*(einem Freund)*	*einen Brief*	*geschrieben.*

Jedoch besteht auch die Möglichkeit das Subjekt bzw. das direkte Objekt besonders hervorzuheben. Das Subjekt bzw. das direkte Objekt wird dabei durch das entsprechende Personalpronomen wieder aufgenommen.
Ces fleurs, je **les** aime beaucoup. ***Diese Blumen*** *mag ich sehr gern.*

Auch die Umschreibungen c'est … qui für das Subjekt und c'est … que für das direkte Objekt ermöglichen eine Hervorhebung.
C'est Mathieu qui arrive ! ***Mathieu*** *kommt!*
C'est l'homme que j'ai vu hier. ***Diesen Mann*** *habe ich gestern gesehen.*

16.2 Der Fragesatz

A1

Im Französischen gibt es bei der Gesamtfrage und der Teilfrage drei Formen der Fragestellung, die vom Sprachniveau abhängig sind: Die *Inversionsfrage* gehört der geschriebenen bzw. gehobenen Sprache an, die *Intonationsfrage* (nur durch Anheben der Stimme gekennzeichnet) wird in der gesprochenen bzw. Umgangssprache verwendet, während die est-ce que-*Frage* sowohl in der gesprochenen als auch in der geschriebenen Sprache benutzt werden kann.

16.2.1 Die Gesamtfrage

A1

Die Gesamtfrage wird ohne Fragewort gebildet. Sie bezieht sich auf den ganzen Satz und wird mit oui *ja* oder non *nein* beantwortet.

Inversionsfrage Verb + Subjekt	**Aimes-tu** le fromage ? *Magst du Käse?*
est-ce que-Frage est-ce que + Subjekt + Verb	**Est-ce que tu aimes** le fromage ? *Magst du Käse?*
Intonationsfrage Subjekt + Verb	**Tu aimes** le fromage ? *Magst du Käse?*

16.2.2 Die Teilfrage

A1

Bei der Teilfrage wird durch ein Fragewort nach einem einzelnen Satzteil gefragt.

Inversionsfrage Fragewort + Verb + Subjekt	**Quand partez-vous ?** *Wann gehen Sie?*

est-ce que-**Frage**	
Fragewort (= Subjekt) + est-ce qui + Verb	**Qui est-ce qui** a téléphoné ? *Wer hat angerufen?*
Fragewort + est-ce que + Subjekt + Verb	**Qu'est-ce que** tu veux ? *Was willst du?*
Intonationsfrage Subjekt + Verb + Fragewort	**Vous habitez où ?** *Wo wohnen Sie?*

A1

16.2.3 Das Fragewort

qui *wer*	**Qui** est là ? ***Wer** ist da?*
que *was*	**Que** voulez-vous ? ***Was** wollen Sie?*
Präposition + quoi	Tu penses **à quoi** ? ***Woran** denkst du?*
B1 lequel *welcher*	**Laquelle** est-ce que tu veux ? ***Welche** möchtest du?*
quel *welcher* + Substantiv ▷ 6.6	**Quelle** heure est-il ? ***Wie** spät ist es?*
combien *wie viel*	**Combien** ça coûte ? ***Wie viel** kostet es?*
pourquoi *warum*	**Pourquoi** ne lis-tu pas ? ***Warum** liest du nicht?*
où *wo, wohin*	**Où** est-ce qu'ils vont ? ***Wohin** gehen sie?*
quand *wann*	Vous partez **quand** ? ***Wann** geht ihr/gehen Sie?*
comment *wie*	**Comment** ça va ? ***Wie** geht's?*

Auf einen Blick

Die Wortstellung im Satz

Der Aussagesatz

G Die generelle Wortstellungsregel im Aussagesatz lautet: Subjekt + Prädikat + Objekt

Mon frère cuit un potage. *Mein Bruder kocht einen Eintopf.* Ma mère lit un livre. *Meine Mutter liest ein Buch.*

Besteht das Prädikat aus einem zusammengesetzten Verb und hat der Satz mehr als ein Objekt, gilt folgende Stellung:
Subjekt + Hilfsverb + Partizip Perfekt + direktes Objekt + indirektes Objekt

J'ai montré les photos à ma mère. *Ich habe die Fotos meiner Mutter gezeigt.* Elle a écrit un courriel à son ami. *Sie hat ihrem Freund eine E-mail geschrieben.*

Anstelle eines Objekts kann dem Prädikat auch eine adverbiale Bestimmung oder ein Infinitiv folgen:
Je vais **chez le coiffeur**. *Ich gehe **zum Friseur**.* Ma petite sœur apprend **à nager**. *Meine kleine Schwester lernt **schwimmen**.*

Sollen Subjekt oder ein Objekt besonders hervorgehoben werden, besteht die Möglichkeit, das entsprechende Pronomen wieder aufzunehmen oder durch c'est … qui/que zu umschreiben:
Les photos, je **les** ai déjà vues. ***Die Fotos** habe ich schon gesehen.*
C'est toi qui a fait cela ! ***Du** hast das gemacht!*

Der Fragesatz: Die Gesamtfrage

Gesamtfragen sind Fragen, die man mit „ja“ oder „nein“ beantworten kann.

- Inversionsfrage: Subjekt tritt hinter das (Hilfs-)Verb: **As-tu vu** les clés ? ***Hast du** die Schlüssel **gesehen**?*
  ⚡ Endet das Verb auf einen Vokal, wird zwischen Verb und Pronomen ein t eingefügt: **A-t-il** dit quelque chose ? *Hat er etwas gesagt?*
  ℹ Die Inversionsfrage kommt überwiegend in der geschriebenen bzw. gehobenen Sprache vor.
- Intonationsfrage: Kennzeichnung durch Anhebung der Stimme: **Elle a** déjà **téléphoné** ? *Sie **hat** schon **angerufen**?*
  ℹ Die Intonationsfrage wird in der Umgangssprache verwendet.
- Est-ce que-Frage: Dem Aussagesatz wird est-ce que vorangestellt: **Est-ce que** tu veux un verre de vin ? *Möchtest du ein Glas Wein?*
  ℹ Die Frage mit est-ce que kommt in der geschriebenen, aber auch in der gesprochenen Sprache vor.

Der Fragesatz: Die Teilfrage

Die Teilfrage fragt nach einem Element des Satzes.

- Inversionsfrage mit Fragewort: **Où** as-tu mis mes lunettes ? ***Wo** hast du meine Brille hingelegt?* **Quelle** tartelette prends-tu ? ***Welches** Törtchen nimmst du?*
- Intonationsfrage mit Fragewort: Le train arrive **quand** ? *Der Zug kommt **wann** an?* Ça fait **combien** ? *Das macht **wie viel**?* **Comment** on arrive à la gare ? ***Wie** kommt man zum Bahnhof?*
- Est-ce que-Frage mit Fragewort: **Qui** est-ce que tu as vu ? ***Wen** hast du gesehen?* **Pourquoi** est-ce qu'il est triste ? ***Warum** ist er traurig?*

17 Die Verneinung

A1

Formen und Gebrauch

Die Verneinung besteht im Französischen aus zwei Teilen, die das konjugierte Verb umschließen. Die gängigste Verneinung wird mit ne … pas gebildet.

- Subjekt + ne + Verb + pas bei einfachen Zeiten:
  Il **ne** parle **pas** l'espagnol. *Er spricht kein Spanisch.*
- Subjekt + ne + Hilfsverb + pas + Partizip Perfekt bei zusammengesetzten Zeiten:
  Elle **n'**est **pas** venue. *Sie ist nicht gekommen.*
- Subjekt + ne + Personalpronomen + Verb + pas:
  Je **ne** vous connais **pas**. *Ich kenne Sie nicht.*

Weitere Formen der Verneinung sind:

ne … plus	Yann **ne** fait **plus** de ski.
nicht mehr	*Yann fährt **nicht mehr** Ski.*
ne … (encore) jamais	Je **ne** suis **(encore) jamais** allé à Boston.
(noch) nie	*Ich war **(noch) nie** in Boston.*
ne … pas toujours	Son travail **n'**est **pas toujours** facile.
nicht immer	*Seine Arbeit ist **nicht immer** einfach.*
ne … pas encore	Je **n'**ai **pas encore** lu le journal.
noch nicht	*Ich habe die Zeitung **noch nicht** gelesen.*
ne … personne	Je **n'**ai vu **personne**.
niemand	*Ich habe **niemanden** gesehen.*
ne … rien	Je **ne** peux **rien** faire pour vous.
nichts	*Ich kann **nichts** für Sie machen.*
B1 ne … ni … ni	Elle **n'**a **ni** faim **ni** soif.
weder … noch	*Sie hat **weder** Hunger **noch** Durst.*
B1 ne … aucun	Il **n'**y a **aucun** problème !
kein	*Es gibt **keine** Probleme!*

Im gesprochenen Französischen entfällt oft das ne.

B1

18 Die indirekte Rede

Die indirekte Rede im Französischen wird in der Regel als que-Satz gebildet, der durch bestimmte Verben wie dire *sagen* oder répondre *erwidern* eingeleitet wird.
Während die deutsche Sprache in der indirekten Rede den Konjunktiv verwendet, wird im Französischen der Indikativ bzw. Konditional benutzt. Der Subjonctif steht nur nach bestimmten Verben (▶ 9).
Die indirekte Rede ist mit fest geregelten grammatischen Änderungen verbunden.

A2

18.1 Die Änderung der Personenangaben

Beim Wechsel von der direkten in die indirekte Rede ändern sich die Personenangaben.

Angaben über den Sprecher	→	1. Person je, nous
Angaben über den Gesprächspartner	→	2. Person tu, vous
Angaben über Dritte(n)	→	3. Person il(s), elle(s)

direkte Rede	indirekte Rede
Claire lui dit: « **Tu** es en retard. » *Claire sagt ihm: „Du bist zu spät."*	Claire lui dit qu'**il** est en retard. *Claire sagt ihm, dass er zu spät ist.*

B1

18.2 Die Änderung der Zeitangaben

Steht das einleitende Verb in der Vergangenheit und besteht kein Bezug zum Sprechzeitpunkt, so erfolgt eine Verschiebung der Zeitangaben.

Bezug zum Sprechzeitpunkt		kein Bezug zum Sprechzeitpunkt
aujourd'hui *heute*	→	ce jour-là *an jenem Tag*
demain *morgen*	→	le lendemain *am darauf folgenden Tag*
hier *gestern*	→	la veille *am Vortag*

direkte Rede	indirekte Rede
Je répondis: « J'ai téléphoné **hier**. »	Je répondis que j'avais téléphoné **la veille**.
Ich erwiderte: „Ich habe gestern angerufen."	*Ich erwiderte, dass ich am Vortag angerufen hatte.*

18.3 Die Zeitenfolge in der indirekten Rede

B1

Steht das einleitende Verb in der Vergangenheit, so gilt folgende Zeitenfolge:

direkte Rede		indirekte Rede
Präsens	→	Imparfait
Imparfait	→	Imparfait
Passé composé	→	Plus-que-parfait
Plus-que-parfait	→	Plus-que-parfait
Passé simple	→	Plus-que-parfait
Futur simple/antérieur	→	Konditional I/II
Konditional I/II	→	Konditional I/II

Beispiel:

direkte Rede	indirekte Rede
Elle a dit: « Olivier t'**aidera**. »	Elle a dit qu'Olivier m'**aiderait**.
Sie hat gesagt: „Olivier wird dir helfen."	*Sie hat gesagt, dass Olivier mir helfen wird.*

Auf einen Blick

Die Verneinung

Die Verneinung wird durch zwei Elemente gebildet: ne + pas/plus/rien/jamais/guère/que/personne/aucun/nulle part/ni…ni.

G Meist umschließen die Verneinungselemente das konjugierte Verb.

Elle **n'**a **pas** d'argent. *Sie hat **kein** Geld.* Il **ne** les attend **plus.** *Er wartet **nicht mehr** auf sie.* Ils **n'**ont **rien** fait. *Sie haben **nichts** gemacht.* Tu **n'**es **jamais** à l'heure ! *Du bist **nie** pünktlich!* Il **ne** les connaît **guère.** *Er kennt sie **kaum.*** Je **ne** vois ma mère **que** six fois par année. *Ich sehe meine Mutter **nur** sechs Mal pro Jahr.* Il **n'**y a **personne.** *Hier ist **niemand.*** Je **ne** connais **aucun** de ces hommes. *Ich kenne **keinen** dieser Männer.*

ℹ In der Umgangssprache wird ne oft weggelassen: Je sais **pas.** *Ich weiß nicht.*

Die indirekte Rede

Die indirekte Rede wird mit einem Verb des Sagens oder Fragens im Hauptsatz eingeleitet wie dire *sagen*, affirmer *versichern*, demander *fragen*, informer *informieren*, raconter *erzählen*, répondre *antworten* etc. Der Nebensatz beginnt mit que und das Verb steht im Indikativ oder im Konditional.

Die Änderung der Personenangaben

Der Perspektivwechsel bewirkt, dass in der indirekten Rede die 1. und 2. Person zur 3. Person wird:

« **J'ai** perdu **ma** clé. » → Il dit qu'**il** a perdu **sa** clé. *„**Ich** habe **meinen** Schlüssel verloren." → Er sagt, dass **er** **seinen** Schlüssel verloren hat.*

Die Änderung der Zeitangaben
Darüber hinaus verändern sich auch die Zeitangaben in der indirekten Rede: « Je viens **aujourd'hui.** » → Elle dit qu'elle vient **le jour même.** *„Ich komme **heute**." → Sie sagt, dass sie **am selben Tag** komme.* « **Hier matin,** j'ai vu Anne. » → Il a raconté qu'il avait vu Anne **la veille au matin.** *„Ich habe **gestern früh** Anne gesehen." → Er hat erzählt, dass er **am Morgen des Vortages** Anne gesehen habe.* « **Demain,** on partira en vacances. » → Il explique qu'ils partiraient en vacances **le lendemain.** *„**Morgen** fahren wir in Urlaub." Er erklärt, dass sie **am folgenden Tag** in Urlaub fahren würden.*

Die Zeitenfolge in der indirekten Rede
Steht das einleitende Verb im Hauptsatz in einer Zeit der Vergangenheit, dann verschiebt sich die Zeit in der indirekten Rede.

- Präsens → Imparfait: Elle a dit: « Je **suis** fatiguée. » → Elle a dit qu'elle **était** fatiguée. *Sie hat gesagt: „Ich **bin** müde." → Sie hat gesagt, dass sie müde **sei**.*
- Passé composé → Plus-que-parfait: Il a raconté: « **J'ai manqué** le train. » → Il a raconté qu'il **avait manqué** le train. *Er hat erzählt: „Ich **habe** den Zug **verpasst**." → Er hat erzählt, dass er den Zug **verpasst habe**.*
- Futur simple → Konditional I: Jean-Luc a écrit: « Je t'**aiderai.** » → Jean-Luc a écrit qu'il m'**aiderait.** *Jean-Luc hat geschrieben: „Ich **werde** dir **helfen**". → Jean-Luc hat geschrieben, dass er mir **helfen würde**.*

Tests

A1 **1 Der Artikel**

Setzen Sie den richtigen Artikel ein: le, la, les (2x), un, une, de, de l', du, au

a. Maman achète .... eau.

b. Papa fait .... tennis.

c. Stéphanie cherche .... hôtel pour la nuit.

d. Le garçon va .... supermarché faire .... courses.

e. Ce n'est pas .... bonne idée.

f. Il donne .... jolies fleurs à sa copine.

g. Elle aime .... voitures allemandes.

h. .... mardi, je vais toujours à .... piscine.

A1 **2 Das Substantiv**

Ändern Sie die Sätze, indem Sie die hellblauen Substantive in die feminine Form setzen.

a. Le copain de Julie arrive.

....

b. L'homme est un Allemand de Berlin.

....

c. L'acteur et le chanteur ont fait du bon travail.

....

d. Le frère de Mario est policier.

....

e. Le journaliste écrit un article sur la santé des Français.

....

f. André a vu beaucoup d'Européens au Canada.

....

g. Le médecin travaille à l'hôpital.

....

h. Le jeune a enfin un ami de vacances.

....

3 Das Adjektiv

A1

Ergänzen Sie folgende Sätze mit dem richtig angeglichenen Adjektiv.

a. Le cours a commencé la semaine (dernier) ....

b. Jean-Marc est vraiment un (beau) .... homme.

c. Est-ce que les enfants sont (prêt) .... ?

d. Il adore les voitures et les films (américain) ....

e. J'aime bien cette porte (blanc) ....

f. Ces (vieux) .... maisons sont très (joli) ....

g. « Les fromages (français) .... sont (bon) .... », dit Justin.

h. Il y a beaucoup de (beau) .... fleurs (orange) .... dans son jardin.

B1 **4 Das Adverb**

Setzen Sie das Adverb an den richtigen Platz. Bei manchen Sätzen müssen Sie zuvor erst die richtige Form des Adverbs bilden.

a. Annie était surprise. (tout)

....

b. Il a raconté l'histoire. (bien)

....

c. Les enfants ont couru. (partout)

....

d. Elle a été intelligente. (toujours, très)

....

e. Marc ne sait pas où j'habite. (exact)

....

f. Il faut que je le voie. (absolu)

....

g. Stéphane lit et écrit le russe. (courant)

....

h. Ce film est drôle. (vrai)

....

5 Der Vergleich

A2

Vervollständigen Sie die Sätze, indem Sie den erforderlichen Vergleich bilden.

a. Ce jeune homme est (+ fort) .... que ma sœur.

b. Jean a toujours été (+ bon) .... que moi au tennis.

c. Elle travaille vraiment (+ bien) .... que lui.

d. Son mari mange (– de viande) .... qu'elle.

e. Nadia est (= grand) .... que sa mère.

f. Ma mère ne fait plus (= de gâteaux) .... qu'avant.

g. Elle dit toujours que sa fille est (++ bon) ....

h. Dans mon cours, c'est elle qui parle (– – bien) ....

anglais.

6 Das Pronomen

A1

Ersetzen Sie die hellblau hervorgehobenen Satzteile durch die richtigen Pronomen.

a. J'ai demandé à Sylvain de venir.

....

b. Tu vois la voiture bleue devant la maison de Julie ?

....

c. Regarde la policière.

....

d. Il ne va pas manger ses pommes de terre.

....

e. Elle a téléphoné à ses parents hier.

....

A2 f. Tu vas au supermarché pour moi ?

....

A2 g. Vous prenez du gâteau ?

....

A2 h. Elle n'a pas fait attention à ses meubles.

....

A2 i. Nous avons besoin d'un frigo.

....

A1 7 **Das Verb**

Setzen Sie die folgenden Sätze ins Passé composé. Achten Sie auf die Wahl des richtigen Hilfsverbs (avoir oder être).

a. Je marche avec mon chien.

....

b. Les enfants jouent dans leur chambre.

....

c. Il neige à Paris.

....

d. Les filles sont bonnes.

....

e. Nous avons de la chance.

....

f. Marc se rase dans la salle de bains.

....

g. Julie et Sophie descendent à la station Nation.

....

h. Elle finit son travail à 18 heures.

....

8 Der Indikativ A1

Ergänzen Sie die Sätze mit den richtigen Verbformen des Indikativs unter Berücksichtigung der in Klammern angegebenen Zeit.

a. Notre hôtel (ne pas être) .... loin de la Tour Eiffel. *(Imparfait)*

b. Le train (arriver) .... à la gare. *(Passé récent)* A2

c. Le boulanger (faire) .... du pain. *(Présent progressif)*

d. On (chercher) .... tes clés. *(Futur composé)*

e. Ils (aller) .... au cinéma demain. *(Futur simple)*

f. Tu (voir) .... ta sœur la semaine dernière ? *(Passé composé)*

g. Nous (commencer) .... le repas. *(Präsens)*

h. Vous (faire) .... le plein plus tard. *(Futur simple)*

B1 **9 Der Subjonctif**
Setzen Sie die Verbformen in den Subjonctif.

a. Elle aimerait que nous la (rappeler) .... plus tard.

b. Il faut qu'il (venir) .... lui porter sa clé.

c. Martine est heureuse que ses copains (être) .... ici.

d. C'est bien que vous (ne pas avoir) .... peur des chiens.

e. Ma mère aimerait que mes frères (aller) .... la voir plus souvent.

f. Je ne crois pas qu'il (être) .... un bon acteur.

g. Pensez-vous que je (pouvoir) .... faire les courses tout seul ?

h. Je voudrais un ordinateur qui (ne pas être) .... trop cher.

A1 **10 Der Imperativ**
Wie lautet der Imperativ?

a. Tu finis ton assiette.

....

b. Nous allons à la banque.

....

c. Vous ne partez pas trop tôt.

....

d. Tu te laves dans la salle de bains.

....

e. Vous ne vous arrêtez pas ce matin.

....

f. Nous sommes gentils avec eux.

....

g. Vous avez assez d'argent pour prendre le métro.

....

h. Tu cherches ton porte-monnaie.

....

11 Der Infinitiv B2

Ergänzen Sie folgende Sätze mit der richtigen Form des Verbs: Infinitiv Präsens oder Infinitiv Perfekt.

a. En attendant de (voir) .... le docteur, je fais attention à mon alimentation.

b. Je suis heureuse de (rencontrer) .... ton mari hier.

c. Mes amis veulent me (montrer) .... leur maison.

d. Après (voir) .... la maison de mes amis, je suis allé au restaurant avec eux.

e. Je suis certaine de (voir) .... tes parents auparavant.

f. Sans (être) .... aux Etats-Unis, Karl May a su décrire le paysage de façon précise.

B1

12 Das Partizip

Ersetzen Sie die hellblauen Formen durch das Partizip Präsens und formulieren Sie die Sätze entsprechend um.

a. Nous savons qu'il y a une grève et nous avons pris la voiture.

....

b. Il a vu la neige et il a mis son manteau d'hiver.

....

c. Je suis passée par Paris et j'en ai profité pour revoir Céline.

....

d. Fleurette fait bien la cuisine et elle a préparé un repas fantastique.

....

e. Jocelyn est bon au tennis et il a été choisi dans l'équipe.

....

B1

13 Das Gerund

Ergänzen Sie die Sätze mit dem Gerund der angegebenen Verben.

a. C'est (voir) .... ce tableau que j'ai compris Monet.

b. (rentrer) .... dans la classe, j'ai entendu le prof qui lisait un texte.

c. Il a sali son chemisier **(manger)** .... un sandwich au thon.

d. Ses enfants aiment manger **(regarder)** .... la télé.

e. **(aller)** .... à la poste, nous avons rencontré Sylain.

14 Das Passiv

B1

Setzen Sie die folgenden Sätze ins Passiv.

a. On attend beaucoup de femmes aujourd'hui.

....

b. On annoncera la date de l'arrivée du président demain.

....

c. On n'a pas donné les détails du programme.

....

d. On a pris les mesures nécessaires.

....

e. On nettoie cette salle tous les jours.

....

15 Die Konjunktion

B1

Ergänzen Sie die Sätze mit den folgenden Konjunktionen: comme, donc, et, mais, parce que, quand, que, si

a. Mario mange un sandwich .... une salade. A1

b. .... tu viens avec moi, nous nous amuserons beaucoup.

c. .... le prof n'est pas là, nous ne travaillons pas.

d. Il s'est couché .... il était très fatigué.

e. .... il n'a pas plu cette semaine, les fleurs sont mortes.

A1 f. Il aime la musique, ... il en écoute peu.

g. Il a fini ses études, ... il peut chercher du travail.

A1 h. Elle dit .... elle viendra avec nous.

A1 **16 Die Wortstellung im Satz**
Setzen Sie die Satzteile in die richtige Reihenfolge.

a. arrive / le garçon / avec nos boissons / déjà

....

b. beaucoup / les enfants / avec leur chien / ne jouent pas

....

c. est / le mois de mai / le plus / du printemps / beau mois

....

d. est-ce que / n'est pas / pourquoi / encore là / Jean / ?

....

e. a / son frère / donné / un livre / à / Carl

....

f. film / est-ce que / quel / regardes / tu / ?

....

17 Die Verneinung

A1

Wie lautet die richtige Reihenfolge?

a. je / plus / veux / voir / ne / te

....

b. n' / il / a / hier / personne / vu

....

c. nous / avons / de tennis / jamais / n' / fait

....

d. ai / rencontré / pas / je / encore / ta mère / n'

....

e. vous / pour moi / pouvez / ne / rien faire

....

18 Die indirekte Rede

B1

Claire hat gestern Folgendes erzählt. Schreiben Sie in der indirekten Rede, was sie gesagt hat.

a. « Je suis fatiguée. »

....

b. « J'ai mal dormi. »

....

c. « Patrick doit travailler aujourd'hui. »

....

d. « J'irai le voir au travail. »

....

Lösungen

1. Der Artikel

a. Maman achète de l'eau.
b. Papa fait du tennis.
c. Stéphanie cherche un hôtel pour la nuit.
d. Le garçon va au supermarché faire les courses.
e. Ce n'est pas une bonne idée.
f. Il donne de jolies fleurs à sa copine.
g. Elle aime les voitures allemandes.
h. Le mardi, je vais toujours à la piscine.

2. Das Substantiv

a. La copine de Julie arrive.
b. La femme est une Allemande de Berlin.
c. L'actrice et la chanteuse ont fait du bon travail.
d. La sœur de Mario est policière.
e. La journaliste écrit un article sur la santé des Françaises.
f. André a vu beaucoup d'Européennes au Canada.
g. Le médecin/La femme médecin travaille à l'hôpital.
h. La jeune a enfin une amie de vacances.

3. Das Adjektiv

a. Le cours a commencé la semaine dernière.
b. Jean-Marc est vraiment un bel homme.
c. Est-ce que les enfants sont prêts ?
d. Il adore les voitures et les films américains.
e. J'aime bien cette porte blanche.
f. Ces vieilles maisons sont très jolies.
g. « Les fromages français sont bons », dit Justin.
h. Il y a beaucoup de belles fleurs orange dans son jardin.

4. Das Adverb

a. Annie était toute surprise.
b. Il a bien raconté l'histoire.
c. Les enfants ont couru partout.
d. Elle a toujours été très intelligente.
e. Marc ne sait pas exactement où j'habite.
f. Il faut absolument que je le voie.
g. Stéphane lit et écrit couramment le russe.
h. Ce film est vraiment drôle.

5. Der Vergleich

a. Ce jeune homme est plus fort que ma sœur.
b. Jean a toujours été meilleur que moi au tennis.
c. Elle travaille vraiment mieux que lui.
d. Son mari mange moins de viande qu'elle.
e. Nadia est aussi grande que sa mère.
f. Ma mère ne fait plus autant de gâteaux qu'avant.
g. Elle dit toujours que sa fille est la meilleure.
h. Dans mon cours, c'est elle qui parle le moins bien anglais.

6. Das Pronomen

a. Je lui ai demandé de venir.
b. Tu la vois devant la maison de Julie ?
c. Regarde-la.
d. Il ne va pas les manger.
e. Elle leur a téléphoné hier.
f. Tu y vas pour moi ?

g. Vous en prenez ?
h. Elle n'y a pas fait attention.
i. Nous en avons besoin.

7. Das Verb
a. J'ai marché avec mon chien.
b. Les enfants ont joué dans leur chambre.
c. Il a neigé à Paris.
d. Les filles ont été bonnes.
e. Nous avons eu de la chance.
f. Marc s'est rasé dans la salle de bains.
g. Julie et Sophie sont descendues à la station Nation.
h. Elle a fini son travail à 18 heures.

8. Der Indikativ
a. Notre hôtel n'était pas loin de la Tour Eiffel.
b. Le train vient d'arriver à la gare.
c. Le boulanger est en train de faire du pain.
d. On va chercher tes clés.
e. Ils iront au cinéma demain.
f. Tu as vu ta sœur la semaine dernière ?
g. Nous commençons le repas.
h. Vous ferez le plein plus tard.

9. Der Subjonctif
a. Elle aimerait que nous la rappelions plus tard.
b. Il faut qu'il vienne lui porter sa clé.
c. Martine est heureuse que ses copains soient ici.
d. C'est bien que vous n'ayez pas peur des chiens.
e. Ma mère aimerait que mes frères aillent la voir plus souvent.
f. Je ne crois pas qu'il soit un bon acteur.
g. Pensez-vous que je puisse faire les courses tout seul ?
h. Je voudrais un ordinateur qui ne soit pas trop cher.

10. Der Imperativ
a. Finis ton assiette.
b. Allons à la banque.
c. Ne partez pas trop tôt.
d. Lave-toi dans la salle de bains.
e. Ne vous arrêtez pas ce matin.
f. Soyons gentils avec eux.
g. Ayez assez d'argent pour prendre le métro.
h. Cherche ton porte-monnaie.

11. Der Infinitiv
a. En attendant de voir le docteur, je fais attention à mon alimentation.
b. Je suis heureuse d'avoir rencontré ton mari hier.
c. Mes amis veulent me montrer leur maison.
d. Après avoir vu la maison de mes amis, je suis allé au restaurant avec eux.
e. Je suis certaine d'avoir vu tes parents auparavant.
f. Sans avoir été aux Etats-Unis, Karl May a su décrire le paysage de façon précise.

12. Das Partizip
a. Sachant qu'il y a une grève, nous avons pris la voiture.
b. Voyant la neige, il a mis son manteau d'hiver.
c. Passant par Paris, j'en ai profité pour revoir Céline.
d. Faisant bien la cuisine, Fleurette a préparé un repas fantastique.
e. Etant bon au tennis, Jocelyn a été choisi dans l'équipe.

13. Das Gerund
a. C'est en voyant ce tableau que j'ai compris Monet.
b. En rentrant dans la classe, j'ai entendu le prof qui lisait un texte.

c. Il a sali son chemisier en mangeant un sandwich au thon.
d. Ses enfants aiment manger en regardant la télé.
e. En allant à la poste, nous avons rencontré Sylain.

14. Das Passiv

a. Beaucoup de femmes sont attendues aujourd'hui.
b. La date de l'arrivée du président sera annoncée demain.
c. Les détails du programme n'ont pas été donnés.
d. Les mesures nécessaires ont été prises.
e. Cette salle est nettoyée tous les jours.

15. Die Konjunktion

a. Mario mange un sandwich et une salade.
b. Si tu viens avec moi, nous nous amuserons beaucoup.
c. Quand le prof n'est pas là, nous ne travaillons pas.
d. Il s'est couché parce qu'il était très fatigué.
e. Comme il n'a pas plu cette semaine, les fleurs sont mortes.
f. Il aime la musique, mais il en écoute peu.
g. Il a fini ses études, donc il peut chercher du travail.
h. Elle dit qu'elle viendra avec nous.

16. Die Wortstellung im Satz

a. Le garçon arrive déjà avec nos boissons.
b. Les enfants ne jouent pas beaucoup avec leur chien.
c. Le mois de mai est le plus beau mois du printemps. oder Le plus beau mois du printemps est le mois de mai.
d. Pourquoi est-ce que Jean n'est pas encore là ?
e. Carl a donné un livre à son frère.
f. Quel film est-ce que tu regardes ?

17. Die Verneinung

a. Je ne veux plus te voir.
b. Il n'a vu personne hier.
c. Nous n'avons jamais fait de tennis.
d. Je n'ai pas encore rencontré ta mère.
e. Vous ne pouvez rien faire pour moi.

18. Die indirekte Rede

a. Elle a dit qu'elle était fatiguée.
b. Elle a dit qu'elle avait mal dormi.
c. Elle a dit que Patrick devait travailler hier.
d. Elle a dit qu'elle irait le voir au travail.

Lösungen der Niveaustufentests

Hier finden Sie neben der Auswertung Ihrer Ergebnisse auch Empfehlungen zur Verbesserung Ihrer Sprachkenntnisse.

Lösungen A1

1. Das Substantiv

a. les maisons
b. les feux
c. les châteaux
d. les yeux
e. les choux-fleurs

2. Das Adjektiv

a. Rappelez-vous la première page du texte.
b. Ils ont acheté une nouvelle voiture.
c. Les gens de Cannes sont sympathiques.

3. Die Verneinung

a. Non, les employés ne sont pas en gréve.
b. Non, je n'ai qu'un seul frère.

4. Das Adverb

a. heureusement
b. brièvement
c. poliment

5. Der Infinitiv

a. Mettre du beure.
b. Battre trois œufs.
c. Recouvrir le jambon avec ce mélange.
d. Mettre au four pendant 45 minutes.

Empfehlung

1–6 Punkte: Ihre Kenntnisse stehen leider noch auf schwachen Beinen. Am besten nehmen Sie sich die Niveaustufe A1 noch einmal vor.

7–12 Punkte: Prima! Sie haben bereits gute A1-Kenntnisse, allerdings punktuell noch Schwächen. Wiederholen Sie die Themen.

13–17 Punkte: Ausgezeichnet! Sie haben solide A1-Kenntnisse und können sich nun der Niveaustufe A2 zuwenden.

Lösungen A2

1. Das Relativpronomen

a. Mon voisin a un chien dont j'ai très peur.
b. J'ai un bon souvenir de cette ville où j'ai vécu deux ans, puisque c'est une ville qui offre beaucoup à découvrir.
c. Voici les papiers que tu veux pour partir.

2. Die Verneinung

a. Non, je ne la lui ai pas encore donné.
b. Non, elle n'y pense pas.

3. Das Adjektiv

a. ✓ En classe il faut parler à voix haute.
b. ✗ richtig: Il m'a raconté une histoire amusante.

4. Das Passiv

a. Les pneus ont été gonflés par le garagiste.
b. La maison a été repeinte en blanc par nous.

5. Die Ergänzung des Verbs

a. ✗ richtig: Si tu payes l'addition pense à demander le reçu.
b. ✓ Il s'est fait le patron du restaurant.

6. Der Teilungsartikel

a. ✓ Désirez-vous du jus de fruit ?
b. ✓ Elle a des cheveux bruns.
c. ✗ richtig: Elle a peur, c'est évident.

Empfehlung

1–4 Punkte: Sie befinden sich noch am Anfang des Niveaus A2 und sollten die Themen nochmals gründlich durcharbeiten.

5–9 Punkte: Gut so! Ihre A2-Kenntnisse sind schon weit gediehen. Bevor Sie sich B1 zuwenden, sollten Sie jedoch einige Themen nochmals anschauen.

10–14 Punkte: Ausgezeichnet. Sie kennen sich mit den Grammatikthemen der Niveaustufe A2 sicher aus und können die Niveaustufe B1 angehen.

Lösungen B1

1. Die Verneinung

a. Rien n'est perdu.
b. Personne ne veut rester seul dans la vie.
c. Il n'y a aucune réponse.

2. Die Präposition

a. Il a mis la vis à l'aide d'une machine.
b. La cause de son échec n'est pas évidente.
c. Si elle est ambitieuse, c'est par soif d'argent.

3. Die Ergänzung des Verbs

a. Et à la fin je suis tombé sur Jean.
b. Tu me manques.
c. Il te croyait son meilleur ami.
d. Ce matin ils sont partis pour Avignon.

4. Subjonctif oder Indikativ?

a. La maison est trop petite pour que toute la famille puisse y loger.
b. Il faut que tu t'asseyes à sa droite.

5. Das Possessiv- und das Demonstrativpronomen

a. Oui, c'est le sien.
b. Oui, c'est la leur.
c. Si tu ne trouves pas tes ciseaux, prends ceux-ci.

Empfehlung

1–5 Punkte: Für die Niveaustufe B1 sollten Sie nochmals alle relevanten Themen wiederholen.

6–10 Punkte: Prima! Sie haben schon einige B1-Kenntnisse, sollten aber die Themen überarbeiten, die Sie noch nicht sicher beherrschen.

11–15 Punkte: Ausgezeichnet! Sie haben das Niveau B1 im Griff und können nun die Niveaustufe B2 angehen.

Lösungen B2

1. Der Subjonctif

a. Il refuse qu'on l'accuse de vol.
b. Nous attendons que le directeur nous reçoive.

2. Die Verneinung

a. ✓ Elle ne sait faire du café au lait.
b. ✗ richtig: Malheureusement, il n'est pas très vigilant, c'est pourquoi il est tombé sur cette personne.

3. Der Konditional

a. Si j'étais roi, je serais propriétaire d'un château.
b. Quand ils étaient en vacances, les voisins se sont occupés de leur chien.

4. Das Partizip und das Gerund

a. Ayant travaillé jour et nuit, elle a terminé son projet.
b. En évitant le fromage et le chocolat, Mireille a beaucoup maigrie.

5. Die indirekte Rede

a. Le ministre déclare que l'on sait qu'en ce moment, la liste des fraudeurs fiscaux n'est qu'un début.
b. Il a dit que son ami n'avait jamais bougé d'un millimètre sur ses positions.

Empfehlung

1–4 Punkte: Für die Niveaustufe B2 reicht es leider noch nicht. Überarbeiten Sie die wichtigen Themen dieses Niveaus gründlich.

5–7 Punkte: Gut so! Das Niveau B2 haben Sie fast in der Tasche. Lediglich einige Themen sollten Sie nochmals anschauen.

8–10 Punkte: Ausgezeichnet! Sie haben Ihre Kenntnisse der Niveaus A1 bis B2 bewiesen.